僕の人生には事件が起きない

岩井勇気

新潮社

僕のような一介のお笑い芸人でも、
自分の生い立ちを深掘りされる
トーク番組に出演することはある。
そこでは今までの人生を
面白おかしく話さなくてはならない。
僕は正直それが苦手だ。

株)

はじめに

文章を書くことになった。それまでネタ以外の文章など書いたことのない僕に、新潮社から小説新潮で単発のコラムだかエッセイだかを書かないかという依頼があった。出た。なんとなくの雰囲気で、この人なら書けそうだな、と思われている。まぁまぁ世に名前が知られているコンビの、陰に隠れがちな方。しかしネタは10割そっちが書いている。ラジオのレギュラーがあり、ラジオだとテレビでは陰に隠れがちな方が割と目立っていて、毎週、話を楽しみにしている層が一定数いる。そんな感じの奴に「あいつ〝ぽい〟よね〜、文章書かせてみようか」みたいなのがお決まりになっているのだろうか。

僕という人間は〝ぽい〟だけで、ネタやツイッター以外の文章など全く書いたことがない。それどころか、小説やコラム、エッセイの類もまるで読んだことがないのだ。読むといっても漫画、そしてアニメが大好きで文字よりも絵が好きだ。高校の頃も理数系でありながら美術の授業を多めに取り、サッカー部に所属していた。見事に文章に関わることをすり抜けてきている。唯一触れてきているのが中学の頃ハマっていたライトノベルで、それもまぁ漫画やアニメといった二次元的要素の強いものであった。

しかし、名だたる作家が執筆している小説新潮の数ページを、素人の文章で汚すことになっても知らないからな！という気持ちで依頼を受けてみた。

最初の打ち合わせ、うちの会社の事務所に、僕に依頼してくれた編集担当の人が来た。静かそうな女性だ。出た。この手の文系女子は、コンビの陰に隠れがちな方で、ネタを書いていてラジオでは目立ちがちな、いかにも文章が書けそうな芸人にすぐ焦点を当てたがる。恐らく学生時代は割と地味なグループに所属していた性質上、表立ってその芸人のことを、いいよね！とは発言できないが、私だけはあなたの良さをわかっているぞ、という母性に似た見守り目線で応援している。応援していると言ったら聞こえはいいが、皆が注目していないその芸人を応援することで、友達には「え⁉あんなのの何がいいの⁉」と言われることこそを、人と感性が違う自分として、自分の中の唯一性を保っている感じだ。でも違うんだっつーの！　俺はお前らの思っている詩的な文系芸人じゃないんだよ！　すぐこんな感じの芸人を見つけては脳内で自分の好きなように作り変えるんじゃねぇ！　あと、本当に応援しているんだったら声を上げて周りに言えよ！

そんなことを思いながら打ち合わせが終わり、結局まずは１０００字程の文章を書くことになった。しかし題材がさっぱり思い浮かばない。普段、自分の思っていることは聞かれたら言うが、自分から大声で発信したことがあまりない。みんなに聞いてもらいたいような大事件があったりするわけでもない。そう考えていると段々腹が立ってきて、書きたいことなんかねーよ！という気持ちになった。なのでその反発もあり、どうでもいい日常を書くことにした。

とにかく書き終え、これでいいのか？と思いながら提出し、文章が掲載された。だが、自分の中でなんとなく、もう少し上手く書けたんじゃないか、という気持ちがあった。と同時に、もう少し上手く文章を書けるようになりたい、と思い始めたのだ。これから自分の主張や声明を文章で表したいと思った時に、自分の思っていることを余すことなく、確実に自分の思っているイメージで言語化したいと考えたからである。

それから程なくして出版社と話し合い、小説新潮での連載が始まった。そして連載2回目か3回目くらいにはなんとか納得のいく文章が書けるようになり、出版社の人からも「まだ始めたばかりなのに凄いです」と好評だった。そう、僕は何でも、すぐにある程度それらしくできてしまうのだ。要領がよくコツをつかむのが早い。それ故に「もうある程度わかった」と、それ以上突き詰めないで飽きてしまうことが多いのだが、この連載に関しては日常を書いているので題材には事欠かない。そうやって書いているうちに、自分なりに書くことの面白さを見出していった。
しばらくするとWEBサイトでの連載も始まった。芸人の仕事をしながら、新潮社だけで月2本の連載、そして他社でも連載を持ってしまったため手一杯になってくる。編集担当から締め切りの催促がくると、あの文系女子が先延ばしなど聞き入れる余地もないような冷たい眼光で機械のように催促をしてくる様子が目に浮かび、俺は作家じゃねーんだよ！と半ギレする日々。だが、常に日常生活の中で題材を探しているので、どんなことに対しても自分の視点を持てるようにはなった。ぬぼーっと何も考えず、耳の穴から脳みそを垂れ流しながら生きていくこともできるが、普段色々考えながら生活してみるのもそれはそれで楽しいものだ。

日常生活に違和感や疑問を持ち、想像を巡らせてみる。30代、独身一人暮らし、相方の陰に隠れがちなお笑い芸人がどんなことを考えながら日々の生活を送っているのか。やはり特別な事件は起こっていないかもしれないが、どうかこれを読んだ後、平々凡々な日常を送っていると思っている人でも、少しでもそれを楽しめるようになってもらえたらと思う。タイトルは、あたかもライトノベルのようにしてみた。

僕の人生には事件が起きない　目次

挿画　岩井勇気
撮影協力　一般社団法人アニマルエイド
本文・カバー写真　青木登（新潮社写真部）
装幀　新潮社装幀室

僕の人生には事件が起きない

メゾネットタイプの一人暮らしでの出来事

東京で一人暮らしを始めて3年が経つ。僕は30歳になるまで埼玉の実家に住んでいた。実家とは天国のような場所である。夜、家に帰ればそこそこ美味いご飯が用意されていて、お風呂も沸いている。家賃も払っていないのに自分の部屋があり、テレビやパソコン、エアコンは使い放題。さらには朝起きると、その日の仕事で使う衣装が何故か不思議と枕元に畳んで置いてあるのだ。

一番不思議だったのは、実家のダイニングテーブルの端にある、英語で〝BREAD〟と書かれた小さい木箱だ。朝はいつもその木箱を開け、入っているパンを食べる。食べたら木箱を閉じる。そして翌朝、起きてダイニングへ行きテーブルの上の木箱を開けると、なんと新しいパンが入っているのだ。何故あんな魔法の木箱が実家にあるの

かはわからないが、素晴らしい代物だということだけは知っていた。前に、実家近くのショッピングモールに行った時に、同じ木箱が売られているのを一度だけ見たことがある。しかしあの魔法の木箱のことを知らないのか、誰も見向きもしていなかった。僕は「無人島に1つだけ持っていくとしたら何？」と聞かれたら、迷わず「実家にある〝BREAD〟と書かれた木箱です」と答えるだろう。

最悪何もしなくても生きていける状況、自分の部屋の居心地の良さ、そして謎の木箱。この3つが揃っている実家という場所は最高である。

実家暮らしに不満はなかったが、30歳という節目の歳に思い切って一人暮らしを始めることにした。一人暮らしへの興味のみでそう決めたのだが、理由をしいて挙げるなら、仕事の現場に行くのに、埼玉の実家からだと電車で片道1時間かかってしまうということだろうか。

こうして今から約3年前、人生初の一人暮らしが始まった。家は東京都心の1階と2階があるメゾネットタイプのアパートだ。メゾネットタイプ……一人暮らしにおいてものすごくオシャレな家の作りではないか。家の中に完全なる階段がある、一人暮らしなのに。それまで埼玉の実家に住んでいた男が、東京のメゾネットタイプの家に住む。すごろくで「100マス進む」という壊れたマスに止まったような、メーターの振り切れた感覚だ。
最初住み始めた頃はまだ体が慣れていなかったので、あまりのオシャレさに吐きそうになる、通称〝オシャレ酔い〟に陥ることもしばしばあった。メゾネットタイプの家に住んだ人に稀に出る症状らしい。そんな時はヤンキージャージに着替え、一回家を出て外の空気を吸いながら、携帯の動画サイトで埼玉のテレビ局で流れている埼玉銘菓『十万石まんじゅう』のCMを見る。そうすると吐き気が治まる。最初の頃はこの方法を使ってなんとか生活していた。

そんな一人暮らしの初心者期間も終わって生活に慣れてきた頃、ある出来事が起こった。今住んでいる家の1階には、窓の外にちょっとした庭がある。そして庭の奥に僕の肩の高さほどのブロック塀があり、そのさらに奥は広めの墓地が広がっているのだ。僕は今までの人生で一度も幽霊を見たことがないので、隣が墓地というその物件に何の恐怖も感じず住むことに決めたのだが、ある日それは起こった。ブロック塀のあるべき場所には一箇所だけ太めの木が生えていて、それを避けるようにブロック塀のない部分がある。逆に言えばブロック塀のない部分に木が生えているのだが、掃除をしようと庭に出て、ふと見るとその木が朽ち果てているではないか。あるべきはずの木がボロボロに砕けて半ば土に還ろうとしている。

なぜこんなことになったのか。恐る恐る朽ち果てた木のかけらを見てみると、表面以外はもうスカスカでいつ崩れてもいいような状態だった。つまり風化でボロボロになり、そこに立っているのがやっとだった枯れ木が、その前の週に連日雨が降り、風も強かったせいで終わりを迎えたのだ。

木が朽ち果てたのはしょうがないが、それによってブロック塀のない部分を塞ぐものがなくなってしまった。しかもその奥は墓地なのだ。墓地という霊界、僕の家という人間界、それを隔てるブロック塀。その間の枯れ木がなくなり、霊界と人間界を行き来できる閉ざされた門が破壊されたように思えた。

人間界への幽霊の侵入を防いでいた門が破壊されたことにより、これからは霊界から幽霊がメゾネットタイプの僕の家に入ってくるに違いない。とにかくこの隙間をどうにかするしかない。僕はしばらく考え、とりあえず家の管理会社に電話してみることにした。

「すいません、家の庭にある人間界と霊界を隔てるあの門が破壊されてしまって、このままだと幽霊が人間界の僕の家に押し寄せて大変なことになりそうです！」「は？」

「あ、すいません。えーっと、家の庭のブロック塀のない部分に木があったじゃないですか。あれが今日見たら朽ちてボロボロになっちゃったんですね。そこだけ今、何もない状態なんですけど、どうすればいいですかね？」「あー、少々お待ちください」。しばらく待っていると「もしもし、岩井さん。その木なんですけど、今調べましたら、元々そこの物件の持ち物ではなくて墓地側の持ち物らしいんですね。なので、その一部を修復するというのは弊社ではできないんですよ。お力になれず申し訳ありません」そう言って電話は切れた。

これは困った。こうしている間にも幽霊があの隙間を通り、家に侵入してくるだろう。そう思ったら、幽霊が家に入ってくることに対してまず「部屋ちゃんと片付いてたかな……」という考えが頭をよぎった。一人暮らしを始めてからあまり人を家に招いたことがないので、部屋が綺麗だと思われたいという気持ちが幽霊にまであることに、少し恥ずかしくなった。

結局、その隙間はブロック塀で埋めることもできないので、考えた結果、ある結論に至った。そこに何か植物の種を植えよう。木のあったところに木が生えれば文句はないだろう。まぁ恐ろしく時間はかかるが。

後日、僕は渋谷のガーデニングショップへ向かった。店内には色々な植物が所狭しと並んでいたが、詳しいわけではないので40代くらいの女性店員に声をかけ、おすすめされた『シラカシの種』という樫の木の種を買った。正直、ブロック塀の隙間を埋めてさえくれれば、あそこに生える木が何であろうとどうでもいい。

夕方家に帰り、庭へ出てブロック塀の隙間を見ると、夕暮の雰囲気も相まって禍々《まがまが》しい空気を漂わせていた。塀の隙間の地面の土を触ると、地中のぬるい温度が伝わって来る。そこに少し穴を掘り、買ってきたシラカシの種を植えて優しく土を被《かぶ》せた。そして最後にキッチンからコップで水を汲んできて、ガーデニングショップで買った液体肥料と一緒にかけた。時間はかかるが、これでいずれ霊界と人間界をつなぐこの道は塞がれるだろう。僕は安堵した。

これを書いている今現在、まだ芽は出ていない。シラカシの木は、大きくなれば秋にどんぐりを実らせるらしい。どんよりとした墓地の隣の家で、僕は和やかな気持ちでそれを待っている。

家の庭を〝死の庭〟にしてしまうところだった

庭付きのメゾネットで一人暮らしをしている。一人暮らしなので、もちろん定期的に自分で掃除をしなくてはならない。それが結構面倒くさい。

窓が大きく、砂埃で汚くなったそれを外側から掃除するのも一苦労だ。庭から水拭きしようと思っても上まで手がとどかないので、長めのモップで水と洗剤を使って泡立てながら上まで洗う。しかし問題はここからだ。

最後、水で流したいのだが、家にはホースをさせる蛇口が一つもないのだ。通販でホースを買ってはみたものの、買ってからホースをさせる蛇口が家に一つもないことに気付くという、気持ちとホースのやり場のないミス。仕方がないので、家にあった

バケツに水を汲んで庭に出た。そしてバケツの水を窓の上の方にぶつけるようにかけたのだ。

するとまるで漫画の1コマのように水が跳ね返ってきて頭からかぶり、ずぶ濡れになってしまった。春の暖かい日の午後、鳥の声を聞きながら、ずぶ濡れのまま1分ぐらい沈黙した。人は家の庭で一人ずぶ濡れになると思考が停止して何も考えない時間が1分ぐらい生まれる。そのあと急激に虚しくなり、お風呂へ向かうのだった。

何故か理由もなく庭付きの家に住んでいるので、庭の手入れもしなくてはならない。正直ちょっとしたバーベキューができるくらいの庭ではあるが、僕はちょっとしたバーベキューをするタイプの人間ではないのだ。そもそもちょっとしたバーベキューなんてあるのかも疑問だ。バーベキューは全て、がっつりバーベキューではないのか。

そんな庭には、春辺りから雑草が生い茂る。それを1本1本抜き、全部抜き終わったら除草剤を撒く。それでしばらく生えなくなるが、2か月も経てばまた生えてくるので面倒くさい。何かいい方法はないかとネットで調べてみたところ、しつこい雑草には塩がいいと書いてあるのを見つけた。土に塩を撒くと植物が枯れて雑草も生えてこなくなるというのだ。さらに虫も出なくなるらしい。

これはいい情報を得た。

早速、庭に撒くための塩を買いに出かけようかと考えている時、あるサイトが目についた。そこにはさっきのサイトとは裏腹に「庭に塩は絶対に撒かないように」と書かれていた。読み進めていくと、確かに庭に塩を撒くと植物が枯れて雑草は生えてこなくなるとも書かれている。しかし、同時に庭の土は死に、二度と植物は生えてこなくなるというのだ。これを「塩害」と言って、草木は枯れ、土は死に、生命は息絶え、最終的に庭が死ぬらしい。

危ないところだった。危うく自分の家の庭を「死の庭」に変えてしまうところだった。雑草は生えてこないでほしいが、賃貸の家の庭を「死の庭」にして返したくはない。次に住む人も庭が「死の庭」になっていたら嫌だろう。「前に住んでいた人、庭を『死の庭』にしちゃったのか……」と思われたくはない。それと、草木が枯れ生命が息絶えた『北斗の拳』の世紀末のような状態になってしまったら、逆にその環境を生き抜いた恐ろしく強い個体の虫が生まれるんではないかという怖さもある。モヒカンで革ジャンを着た蟻や、バイクに乗ったダンゴムシが生まれてしまえばもう手がつけられない。メゾネットの家が虫の族どもに侵略されるところまで想像した。僕はその時、初めて塩の恐ろしさを知ったのだった。

雑草が生い茂っている時は、庭に虫も出るが、家の中はハエもゴキブリも出たことがない。しかし唯一、家の中にたまに侵入している虫がいる。クモだ。

クモはどこからともなく侵入してきて家の壁や天井を這っている。ティッシュで捕まえようにも取り逃がすことが多く、それなら殺虫スプレーでという話になるのだが、家の中で殺虫剤を撒くのはあまり気が進まない。何かいい方法はないものか。

と、またしてもネットで調べていると、丁度良いものを見つけた。消毒用のエタノールに特定のアロマエッセンスを加えたものだ。これをスプレーのボトルに入れて撒くと、撒いた周辺に虫が寄り付かなくなるらしい。すぐに百貨店に向かい、エタノール液、アロマエッセンス、スプレーのボトルを購入した。そして家に帰り、早速、特製のアロマ虫除けスプレーを作って、家の中のクモが入ってきそうなあらゆる場所に撒いたのだ。

一安心した次の日、ふと気がつくと小さいクモが壁を這っているではないか。しかも昨日、アロマ虫除けスプレーを撒いた場所に。一体あのサイトの情報はなんだったんだ。しかも心なしかアロマのおかげでリラックスしている。人の家にいる緊張感もほぐれている様に見えた。ふざけるなと、置いてあるスプレーのボトルを睨みつけた。そうしている間にクモを取り逃がしてしまったのだ。

苛立ちを覚えながら再度ネットでクモについて調べた。完全にインターネットに踊らされている。すると気になるサイトにたどり着いた。そこには「クモが家の中にいても殺さないように」と書いてあった。読み進めていくと、クモは害虫ではなく、むしろ家の中にいる害虫を食べてくれるありがたい存在らしいのだ。クモは見た目こそ人に嫌われるものの、確かに思い返せばクモがいることで家が汚されたり困ったりしたことは一つもない気がする。とんだ勘違いをしていた。クモがいなくなることで家に他の害虫が出るかもしれない。クモに申し訳なく思い、取り逃がしたクモとこの家で共存していこう、そう決めてその日は寝た。

翌日、朝起きて顔を洗おうと洗面所に行くと、前日の夜からワイシャツを薄めた漂白剤を入れた風呂桶に漬け込んでいたのだが、その中でクモが浮かんで死んでいたのだ。共存しようと思った矢先、別れは突然訪れた。

家に住む、それは何かの死と隣り合わせだ。そんな大それたことを思いながら庭付きのメゾネットの家を、面倒くさがりながら掃除している。

今のところ引越しの予定はない。もうしばらくこの家で暮らすだろう。

自分の生い立ちを話せない訳

僕のような一介のお笑い芸人でも、自分の生い立ちを深掘りされるトーク番組に出演することはある。そこでは今までの人生を面白おかしく話さなくてはならない。僕は正直それが苦手だ。

厳密に言うと、話すこと自体が苦手という訳ではない。そういう番組に出演した際、さも自分の人生は山あり谷あり、波乱万丈です、と言わんばかりに誇張させられるのが苦手なのだ。なぜなら、僕の人生を振り返ると、全くもって〝波乱万丈ではない〟からである。

僕らハライチは埼玉県出身のコンビである。埼玉という土地は、田舎でもなければ

都会でもない。言わば普通の土地。他県の人に「埼玉と言えば？」と聞いても反応は鈍いだろう。

実家も至って普通。小さい頃、団地に住んでいたこともあり、多少貧しくはあったが、欲しいゲームをたまにしか買ってもらえない程度だった。これも「母親の作る焼いた千切りキャベツに茹でたキャベツを巻いた純正ロールキャベツがご馳走でした」というくらい貧乏であれば、たちまち番組の人気者になれる。しかし僕の母親の得意料理はペスカトーレだ。魚介をふんだんに使ったトマトパスタを出す家は貧乏とは程遠い。母親の手料理が不味かったエピソードなども取り立ててないのだ。

ハライチを知っている人は、澤部が明るくて岩井が暗い、というイメージをお持ちだろう。しかし学生時代は2人とも明るいムードメーカーな生徒でもなく、かと言って教室の隅にいる暗い生徒でもない。ちょっと面白いと思われているが明確な人気者にはなれない位置付けの生徒だった。だから女子にモテる訳でもなく、モテない訳でもない。相方は中学の時に彼女がいたし、僕も高校に入ったら彼女ができて、別れてまた違う人と付き合ったりしていた。

ちなみに中学時代、卒業式の前日に当時好きだった女の子に告白してフラれたことがある。驚くなかれ、なんとこれが芸人になるまでの僕の人生において最大のエピソードなのだ。どうだ、何でもないだろう。「ふーん」だろう。「うわ普通〜」だろう。

芸人になってからも多少その傾向にある。19歳でこの道に入り、僕らは運良く22歳でテレビのネタ番組に呼ばれるようになった。下積み時代と言えるようなものはわずか3年ぐらいしかないのである。

今テレビに出ている、いわゆる〝新人の若手〟と呼ばれるような芸人は大体30歳前後だ。40歳ぐらいでブレイクする芸人もいるので、その場合は少なくとも10年は下積み時代があるだろう。そういう芸人からは下積み時代の貧乏エピソードや、破天荒なエピソード「カップ麺にお湯を注いで30分待って、3倍の量にしてから食べてました！」「バイトし過ぎてシフト作るの任されてました！」「家賃2万円のアパートが台風で倒壊しました！」なんて話が期待できる。

しかし僕と相方は3年という短い下積み期間に加えて、ずっと実家から仕事に行っていたのだ。埼玉なので電車に1時間も乗れば東京都心に着ける。22歳までは芸人の仕事も少なかったので実家住まいで十分だった。

〝親のスネをかじり続けるクズ〟という考え方もあるだろう。しかしバイト代から家にお金を入れていたし、クズというのは表面上のイメージで、余計なお世話である。

そんなものは愚の骨頂。僕は親の気持ちがわかる。実家に住んでいた方が親孝行だ。親が安心できる。僕は30歳で初めて一人暮らしを始めたが、今でも母親は少し寂しそうにしている。

帰ればご飯があり、風呂も沸いている。金銭的に困ることもない。こうなると実家に住まない理由がない。なので僕の中で下積み時代＝貧乏生活というイメージはなく、下積み時代＝下積み時代だ。お笑いを頑張るだけ。他のストレスはない。要するに全然苦労していないのだ。

「下積み時代はライブで全然ウケなくて大変でした！」と言っても、ウケない時代なんてせいぜい1年、長くて2年だろう。そんなものは他と比べたら苦労エピソードのうちに入らない。逆にトーク番組で「苦労がなかったので、テレビに出てからエピソードがなくて今大変なんですよ！」と言うとしよう。しかしそんなものは二世タレントの苦悩と同じで聞いていられない。「結局幸せじゃねーか」、となる。余談だが、生まれた時から勝ちが確約されているのに、自ら道を踏み外して奈落に落ちていく人間というのがまさに〝クズ〟だと思う。

結果的に芸人になるまで真っ当な人生を送ってきて、芸人になっても全然苦労していない。こうなるとトーク番組で自分の生い立ちを話そうにも、大したエピソードがない。それがそういう番組の打ち合わせで如実に出る。番組スタッフはどうにか出演者の生い立ちのエピソードを聞き出そうとする。

「地元どんなところでしたか？　田舎っぽいところありました？」

――ない。

「学生時代どんな子でした？　いじめられたりしませんでした？」

――してない。

「実家はどうですか？　貧乏で困ってませんでした？」

――困ってない。

「下積み時代の苦労とかあったら教えてください」

――苦労してない。

まさに地獄だ。番組スタッフが何度も同じ質問をしてくる。「え、でも学生時代、変な子だったりしたんじゃないですか？」などと繰り返されているうちに、「お笑い芸人さんなんだから、変わった面白い人生送ってきたんじゃないんですか～？　絶対、他の人とは違うでしょ～。あっと驚くエピソード教えてくださいよ～」と言っているように聞こえてくる。僕は今お笑い芸人だが、お笑い芸人になる前の学生時代の自分は芸人ではない。一般的な学生だ。一般的な学生にお笑いを求めてしまうのはあまりに酷ではないかといつも思う。今、道を歩いている学生に「君の人生、何か驚きの出来事あった？　ねぇ？　テレビでネタにできるような驚きの出来事の一つや二つあるでしょ？　どうなの？　ねぇ？」と聞くのは可哀相で仕方がない。

こうして、打ち合わせで僕らが答えたことを踏まえて、番組収録用に非常にスカスカでのっぺりした、ハライチの年表が完成するのである。

だから、これからの人生はどうにかどこかで話せるエピソードを生み出さなくてはならない。

先月、いつもかけているメガネ（伊達）が壊れてしまったので、新しいメガネを買いに行くことにした。目当てのメガネ屋は最寄の駅前にあったが、何かを生み出すために、同じ都内ではあるが少し遠い上野の支店に行くことにした。

その日はカラッと晴れていて、いい日だった。寝坊することもなく、支度をして家を出て電車に乗った。電車の遅延もなく、すんなり乗り換えもでき、目的の上野に到着。上野駅からは携帯で店までの道を確認しながら歩き、迷わず辿り着いた。店に入り、メガネを見ていると、自分が欲しかった形のものがあったのでそれを購入した。

店員の接客も良かった。店を出た後、そのまま来た道と同じ道を辿って帰宅。そして家について、リビングでテーブルの上に置いたメガネを見て僕は思った。何も生まれてねーじゃねーか！！！

そう、何か面白いことを生み出そうと思って出かけてはいけない。ちゃんと目的を持って出かけた先で、たまに大事件が起こるのだ。

僕はお笑い芸人になって心底思う。神様、頼むから波乱万丈な出来事を僕に起こしてくださいと。しかし、どうにも僕の人生には事件が起きない。

ほとんど後輩と連まない僕と仲の良かった後輩

僕がお笑い芸人を始めて14年程になり、14年も同じ仕事を続けていると当然、後輩というものができる。しかし僕のやっているハライチというコンビは、あまり後輩と仲良くする、俗に言う後輩と〝連《つる》む〟コンビではない。僕らは20代前半で運良くテレビに出ることができた。20代前半にいろんな番組に出て仕事をしていると、自然と絡む芸人は先輩ばかりなのだ。どの仕事現場に行ってもハライチが一番後輩。なので、その頃から後輩芸人と一緒に仕事をする機会というのはほとんどなかった。

気付けばハライチは、後輩とあまり連まないコンビになっていた。

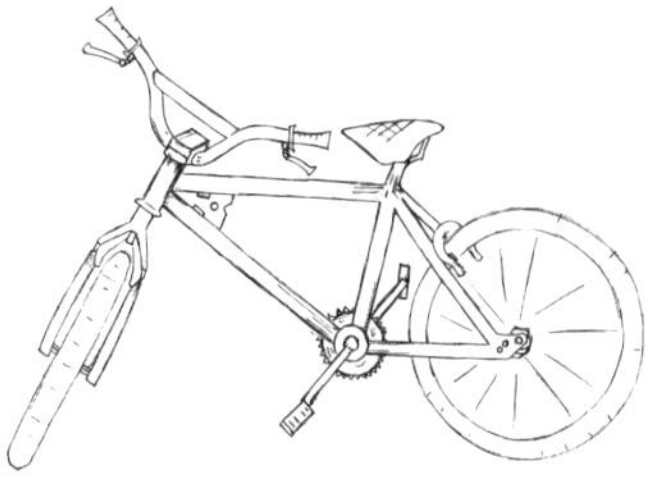

しかしほとんど後輩と関わりを持たない中にも、少数ではあるが仲のいい後輩はい

る。例えばデラスキッパーズという漫才コンビのトシボーイだ。このトシボーイという芸人は、年齢が僕の1つ下のぽっちゃりした男で、コンビでの役割は世にも珍しい〝ネタ作りに参加していないボケ〟だ。

お笑い界で、ボケでありつつ全くネタ作りに参加していない人間は、ならず者とされている。ネタ作りをしていなければ、ネタの中でどんなにボケていても、〝ボケさせられている〟でしかない。そんなならず者は他の能力で補うしかないのだ。例えば演技力が凄い、一発ギャグをたくさん持っている、コミュニケーションに長けている、顔がカッコイイ。そういう能力(?)があれば、いくらボケでネタを書いていなくても、コンビの一員としての役割はある。しかしそれらを何も持ち合わせていないのが、トシボーイという男だ。

通常ならお笑い界は、そんなトシボーイにお笑い芸人ビザを発行する訳がないのだが、恐らく何かの手違いで管理局が出してしまったのだろう。なのでトシボーイは堂々とお笑い芸人を名乗ることができるし、舞台でネタをすることも許されている。ライブ会場も楽屋口から入ることができるし、芸人同士の打ち上げにも参加できる。お笑い好き女子に「芸人さんなんですか〜?」と聞かれた時、「そうだよ〜」と言って堂々と芸人ビザを見せて、お持ち帰りすることも容易《たやす》いのだ。

しかし、このトシボーイがどうにもできない奴だった。とりあえず率先して喋るタイプではないし、気の利く後輩らしい動きができるタイプでもない。基本的にぬぼーっとしていて話し方ももたもたしているので、身長は低いのに雰囲気だけ大男だな、といつも思っていた。感情もあまり表に出てこない。喋っていても喜び、怒り、悲しみといった感情は感じ取れず、唯一確認できたのはご飯を奢ってあげた時の「オイシイ」だけだ。牛の方がまだマシなんじゃないかと思う時もあった。

後輩らしい動きができなくても、ご飯を奢ってもらった後これさえ言っておけば全てが許される魔法の言葉「ごちそうさまでした」ですら言い忘れることがある。財布にまったくお金が入っていない状態で遊びに来て、帰りに1000円貰って帰る。カタコトの外国人でもできるコンビニのバイトを2か月でクビになる。そんな芸人だ。

とにかく一緒にいて何も生み出さないので、ある日「1か月後に俺の誕生日がある。お金がかかっていなくていい。何でもいいからトシボーイなりのプレゼントを持ってきてくれ」と言った。「ごちそうさまでした」を言い忘れる後輩芸人でも1年に1度、誕生日にプレゼントを持ってくる後輩であれば「可愛いやつだな」と思える気がしたからだ。そして1か月後、僕の誕生日当日にトシボーイは〝全くのスルー〟という偉業をやってのけた。僕はもはや嫌われているのかとさえ思った。後日、本人に確認したところ、すっかり忘れていたらしい。

その1年後、日頃あまりにも粗相がひどいので、僕は自分の同期の芸人と一緒に、飲みの場でトシボーイを叱った。だがその真っ最中、トシボーイは店員さんを呼び止め自分の生ビールを注文したのだ。その姿に僕ら2人はさらに激怒した。散々怒られ、トシボーイも相当反省した様子で店を出ると、帰り際、彼が僕に紙袋を差し出し、「岩井さん、これ。誕生日プレゼントです。おめでとうございます」と言ってきたので、僕は「絶対、このタイミングじゃないだろ!」と声を張り上げた。ちなみにその時貰ったプレゼントは『ネクタイを入れるケース』という、謎の代物だった。

そんなトシボーイの組んでいるデラスキッパーズというコンビに転機が訪れた。名古屋でラジオ番組のレギュラーが決まり、東京を離れ名古屋を拠点に活動することになったのだ。とんとん拍子に話は進み、デラスキッパーズは名古屋に移り住んだのだった。

彼らが名古屋に拠点を移し、当然トシボーイとも遊ばなくなった。

ある日、僕は自転車を買った。通販サイトで少し骨太の、タイヤの太い自転車を見つけ、それを気に入って買ったのだが、いざ自宅に運ばれて間近で見ると、サイトで見た時よりさらにガッシリとしていて、意外な大きさに驚いた。その衝撃は昔初めて間近で土佐犬を見た時に、犬というより獣だと感じ、本能的に〝殺される！〟と頭をよぎった恐怖の感覚に近かった。

新しく自転車を買ってからは自宅の周りの店に乗って行っていたが、一度仕事の現場に自転車で行ってみようと思ったことがあった。自宅から2、3キロ圏内と割と近かったのと天気も良かったので意気揚々と出発した。

しかし、都内の道というのはとにかく坂が多く高低差が凄い。長い下り坂の後には必ず長い上り坂がある。さらに下り坂は上り坂でもあるので、帰りは上らなくてはいけないのだ。2、3キロの道のりでも僕の足は悲鳴を上げ、息は上がり、汗だくになり、気がつけば上り坂を歩きながら手で自転車を押していた。

もう仕事へは自転車で行くまい、と後悔していた時、僕はあることを思い出した。それは昔、目黒に住んでいたトシボーイが浅草でバイトをしていた頃、行き帰りの交通費がないからといって15キロもの道のりを毎日自転車で通っていたことだ。今自分は2、3キロの道のりでさえこの高低差に悲鳴を上げている。しかしあのトシボーイは15キロもの道のりを毎日通っていた。雨の中ずぶ濡れで帰ってきた時もあった。
　何もできないと思っていたトシボーイにこんなにも根性があったのか。自転車に乗ってみることでトシボーイの凄さを思い知らされた。フォレスト・ガンプの意外な能力に周りが驚かされていた時のようだと思った。

　僕に15キロの道のりを毎日自転車で往復する根性はない。しかしそれがトシボーイにはある。今、デラスキッパーズは名古屋でラジオ番組のレギュラーを頑張っている。持ち前の根性で名古屋のスターになって帰ってきてもらいたいものだ。その時に名古屋から自転車で帰ってきたら笑うだろうな、と僕は思った。

「ショッピングモール満喫ツアー」の暗闇に潜む化け物

たまにショッピングモールで仕事をすることがある。ショッピングモール内のステージでやる「営業」と呼ばれるコンビでの仕事や、僕1人でやるイベントの司会などだ。

営業の仕事は、基本的に20〜30分程の時間を与えられる。やることは芸人ごとに違うが、ネタやトークだけでなくサイン色紙抽選会をする芸人もいる。割と東京から離れたショッピングモールでの仕事が多いので、テレビに出ている芸人が来るだけでそこそこ人が集まってくれるものだ。

僕らの場合、最初と最後に1本ずつネタをやって、その間をトークで繋ぐという30分。繋ぎのトークはその土地の名産をお客さんに尋ね、そこから話を膨らませること

が多いのだが、何人かに聞くと「蕎麦がうまい」と答える人が大体1人はいる。そう言われた時、僕は思う。蕎麦なんてどの都道府県でもそこそこ有名なものがある、〝ありふれた名産品〟なのである。だからお客さんが「蕎麦がうまい」と答えた時、僕は正直に「蕎麦はどこででも有名なんですよ」と言う。

ゲームのイベントの司会の仕事をすることもあるが、その時はそのゲームのファンが大勢集まる。ゲームファンの熱量は凄まじく、対戦形式のゲームのイベントの時は、ショッピングモール内がまるでコロシアムのような殺伐とした雰囲気になる。しかしゲームがきっかけで掴み合いの喧嘩が勃発するようなことはまずない。現実世界ではお互い一定の距離を保っているのがゲーマーの性《さが》なのである。

ショッピングモールで仕事をする日は、同じモールで昼と夕方の2回ステージに出ることが多い。そうすると、どうしても1回目と2回目の間に空き時間が生まれる。短いと1時間半、長いと3時間程になる。大体の芸人は楽屋で過ごすか、ショッピングモールの外へご飯を食べに行く。しかし僕は、ショッピングモールというものが結構好きだ。色んなジャンルの店舗が集まっているというだけでワクワクする。なので空き時間はモール内の店を回るのである。

先日もショッピングモールで、ゲームのイベントの司会の仕事があり、3時間近くの空き時間が生まれた。しかし3時間など、どうってことはない。僕にはショッピングモールがある。僕は楽屋で即座にステージ衣装から私服に着替え、モールに繰り出した。まずは本屋に行き、次に電気屋へ。そして雑貨屋、楽器屋、フードコートを回るという最高のコース。『空き時間で行く！　ショッピングモール満喫ツアー』である。

その後団子屋を見かけ、「ふと見かけた団子屋で、団子を買って帰るのも風情があっていいな」と思い、抹茶団子を3本買った。そして抹茶団子の入ったビニール袋を提げて、さらにモール内を歩いていると、1店舗くらいの広さを使った『暗闇迷路』という期間限定のイベントをやっているスペースがあった。イベントスペースの前には看板があり、説明を読んでみると、真っ黒い壁で囲われたそこは文字通り暗闇の中を彷徨《さまよ》う迷路で、お化けなどは出ず、とにかく暗闇を進んで行くらしい。

少し気になり、覗き込むように入り口のあたりを見ると、おじいさんやおばあさんが入り口や受付で動いている様子が見えた。地域のおじいさんおばあさん達が運営しているらしい。ショッピングモール満喫ツアーで館内を回ってきたが、まだ1時間以上の空き時間があった。人が誰も並んでいなかったのと、料金も400円で楽しめるようだったので、暇つぶしに『暗闇迷路』に入ってみることにした。

受付に行き、おばあさんに「1人です」と言い400円を払った。ついでに持っていた抹茶団子の入ったビニール袋を預けた。そして入り口のおじいさんから「真っ暗な迷路なので、右の壁に右手をつけながら進んで下さい」という説明を受け、迷路の中に入った。迷路の中は光が全く入らず、壁も天井も真っ黒なので本当に何も見えない。暗闇の中で右手を壁につけながら進んで行くのだが、目の前の壁も、ぶつかってからその存在に気付く程だ。壁に触っていない左手を前に出しながら進めば壁の存在に気付くだろう。しかし、得体の知れない迷路の中、手を前に突き出しながら暗闇を進む恐怖がわかるだろうか。極論を言えば、見えないギロチンが前にある気がするのだ。音もなくギロチンが落ちてきて手が切断されるかもしれない。そしてその辺に死体がゴロゴロ転がっていても真っ暗闇なのでわからない。暗闇の中、そんな恐怖心に襲われていた。

壁にぶつかりながら迷路を歩いていると、入って1分もしない内に入り口の方から、おじいさんの「どうぞー」と言う声と、2人組の若い男らしき声が聞こえた。回転率を上げたいのか知らないが、おじいさんは間髪いれずに次の客を2人入れてしまったのである。僕は、おじいさんちょっと待って、次の客入れるの早過ぎないか!?と思った。そして入ってきた若い男らしき2人は、その暗闇迷路をゆっくり楽しもうという情緒もないのか、どんどん進んでくる。僕は焦った。このまま追いつかれたら、暗闇の中で何も声を発していない僕にぶつかり、変な感じになる。そう思った僕は急いで迷路を進もうとした。

しかし、暗闇というのは恐ろしい。焦れば焦る程、道がどうなっているのかわからず、壁にぶつかって訳がわからなくなってしまう。さらに、後ろの2人組は「あ、ここに壁あるわー」「あっ！　ここ左に進めるっぽい！」などと教え合って、協力しながら進んでいるのだ。距離はどんどん詰められる。もはや暗闇を進む迷路ではなく、迫り来る2人の男から逃げる迷路と化してしまった。そしてもう僕の真後ろまで来た。そこで僕が「すいません！　前にいます！」と言えば、2人も僕に気付き、それで済むだろう。だが、そんなことはいくら何でも恥ずかし過ぎて言えない。2人は僕に気付かないまま進んできてしまい、ついに1人が前にいる僕にぶつかってしまった。その途端、ぶつかった方の男の「うわぁぁぁあっ!!」という叫び声が迷路内に響いた。それにびっくりしたもう1人が「どうしたんだよ!?」と驚きながら聞くと、叫んだ男が言った。「……そこに何かいる」。

言葉を発しない暗闇の中の僕は透明な化け物である。「嘘!?　お化け出ないって言ってたじゃん！　え？　どこ？」「いや、その辺……」。2人は実体のわからない透明の化け物に恐れおののいている。その隙に透明の化け物は、物音を立てないようにするすると迷路を脱出したのだった。

迷路から出て、後ろの2人が出てこないうちに立ち去ろうと思い、預けていた抹茶団子を受け取ろうと受付に行った。しかし、よく見ると受付のおばあさんが交代したのか、違うおばあさんがいて、僕が「団子を預けてたんですけど」と言うと「団子ですか？　どこだろう」と探し始めたが、なかなか見つからない。もたもたしているうちに出口から後ろの2人組が出てきてしまった。その2人組は明らかに、僕が司会をやっていたゲームのイベントに参加するためにショッピングモールに来た、ゲーマーといった雰囲気の2人組だった。2人は出口から出るなり僕に気付き、「あ、ハライチの岩井だ」「さっきぶつかったの岩井だったんだ……」という感じでこそこそ話しながらこちらを見ていた。

僕はショッピングモールが好きだ。ショッピングモールでの仕事も好きだ。しかし、ショッピングモールでの仕事の空き時間、ショッピングモールに行ってはいけない。その日、僕はそう学んだ。

マニュアル至上主義の店

多くのものに教科書やマニュアルが存在する。しかし、そのマニュアルに従うが故に不便なことが多々ある。

例えば「教科書通りの〜」という言葉は、褒め言葉としても使われるが、自分たちの漫才を「教科書通りの漫才」と評価されたら嬉しくはない。むしろその逆を目指すべきではないかと思ってしまう。

飲食店もマニュアルがしっかりしている店は、逆に柔軟性を失っていたりする。

20代前半の頃、大手チェーンのファミレスに行った時のこと。デザートを注文しようとメニューを見ると、グラスにバニラのアイスと抹茶のアイスを乗せたものがあった。抹茶アイスが好きな僕は、店員を呼び止め、バニラアイスの方も抹茶アイスに変更して、抹茶アイス2つの盛り合わせで注文できないかと聞いた。すると店員は「すいません。それはできないんですよ」と答えた。しかしさらに僕は、追加の料金を払ってもいいのでバニラアイスを抹茶アイスに変更できないかと聞いた。すると店員の答えは「すいません。追加料金というシステムはやっていないので、できないんですよ」というものだった。

そういうことなら仕方ないと諦めかけたが、僕は最後に試しに、そのバニラアイスと抹茶アイスのデザートを2つ注文するので、盛り付けをバニラアイスとバニラアイス、抹茶アイスと抹茶アイスの組み合わせで出してもらえないかと聞いてみた。すると店員は「すいません。それもできないんですよ」と答えた。

こういう店こそがマニュアルに縛られた店なのだ。バニラアイスを抹茶アイスに変更できないというのは理解できる。しかし盛り付けを変えるのは多少の柔軟性があれば店員のさじ加減でどうにかなるはずだ。バニラアイスと抹茶アイスの盛り合わせで出さないといけないと頑なに思っている。「その組み合わせが絶妙な相性で、味の相乗効果をもたらす」などというコダワリがあるわけではなく、あくまで「マニュアルにそう書いてあるから」ということだろう。マニュアル至上主義の店は恐ろしい。

先日、収録の空き時間、番組スタッフ2人と、どこか外の店で昼食をとろうということになった。スタッフの1人が「最近、近くにハンバーグの店ができたらしいですよ」と言うので、3人でそこに行くことにしたのだ。

店に着くと、オープンしたての綺麗な佇まいで、席は空いていたのですぐに案内された。

席に座りメニューを見ようとすると、紙のメニューとタブレット端末で見られるメニューがあった。今やそういう機械を導入している店は珍しくないが、そのタブレット端末の操作に慣れるのが面倒くさいということと、今更タブレット端末を操作することにテンションも上がらないという、時代に取り残されているのか、機械のありふれた今に飽き飽きしているのかわからない理由で、3人とも紙のメニューを見て注文を選んでいた。

ランチメニューには、それぞれ肉の種類が違うハンバーグのA、B、Cというセットがあった。僕はBセットに決め、さらにメニューの端に『プラス400円でハンバーグ増量！』の文字があったので増量することにした。店員を呼び止め、Bセットのハンバーグ増量を注文すると、店員が「すいません、注文はタブレット端末からお願いします」と言った。結局タブレットを操作する羽目になり、僕以外の2人も「そのタイプの店か」という顔つきになっていたが、店の決まりならしょうがないと3人でタブレットを操作し始めた。

セットメニューに辿り着くまでに操作がいくつかあり、どうにかBセットの画面に行き着いて注文ボタンを押そうと思ったが、ハンバーグ増量のボタンがどこにも見当たらない。隅々まで探しても見つからなかったので、もう一度店員を呼び止めて、ハンバーグ増量のボタンがどこにあるのかを聞いた。すると店員が「すいません、ハンバーグを増量したBセットはタブレットのメニューだとEセットです」と言った。3人とも、この店員が何を言っているのかすぐに理解できなかったが、よくよく聞いてみると、A、B、Cというランチセットがあり、タブレット端末だと、それぞれのセットのハンバーグを増量したものはD、E、Fセットという別のセットになっているというのだ。

しかし、紙のメニューには全くそんなことは書いていない。何という複雑な構造だろう。そもそもタブレット端末で注文しなくてはいけないのだから紙のメニューはいらない。紙のメニューは罠なのだ。タブレット端末を面倒臭がって紙のメニューという簡単な方に食いついてしまった3人が、さらに面倒臭いことになるという、昔話のようなことになってしまった。

昼食を頼むだけでこんなにつまずくとは思わなかったが、とりあえずタブレット端末でEセットを注文し、料理が来るのを待った。そして、しばらくするとEセットのハンバーグとライスが運ばれてきた。しかし、それを見て違和感を覚えた。僕はその違和感の正体がすぐにわかった。ハンバーグが小さい。ハンバーグを増量したはずだが、そのハンバーグはどう見ても大きいとは思えないサイズだ。

通常サイズのハンバーグを頼んだスタッフのものと比べても大きさに差はなかった。店員を呼び止め、ハンバーグは増量されているのか聞くと、店員は焦った表情で「申し訳ありません！　増量し忘れていました！」と言ったのだ。驚愕した。これはもはや異次元のミスだ。紙のメニューを見て「Bセットのハンバーグ増量で」と注文したなら増量を忘れたというミスは起こりうる。しかしタブレット端末でEセットを注文しているのだ。ハンバーグは増量しかあり得ない。店のメニューの複雑な構造に店員までもが付いていけていない。

恐らく僕ら3人は紙のメニューを見て頭の中でタブレットのメニューに変換して入力したが、店員は店員でタブレット端末で注文されたメニューを頭の中で紙のメニューに変換して作っている。そうでないと増量を忘れるというミスは起こらない。今すぐ店中のタブレット端末を破壊したほうがいいと思った。そして、その後の対応も驚いたのだが、店員が申し訳なさそうに増量分の小さなハンバーグを持ってきたのだ。お弁当のハンバーグかよ！と思ったが、言う気力もなく、黙って小さなハンバーグを食べた。

食べ終わり、会計を済ますため、レジまで行った。するとレジにいた店員が「すいません。お会計はお席のタブレット端末で会計のボタンを押してもらえますか？」と言ってきた。これにはあっけにとられてしまった。どこまで機械に支配されていてマニュアルに忠実なのだ。臨機応変にできないものかと思いながら席まで戻り、会計のボタンを押すという謎の一往復。レジまで戻り会計を済ますと、店員はお釣りとともによく駄菓子屋で売っている10円のガムを、床屋さんが店に来た子供にあげるように僕ら3人に配った。ここだけめちゃくちゃアナログだな！と、僕は心の中で叫んだ。

利便性を求め生み出されたものは確かに便利だ。しかし「必ずその通りにしよう」という人間の意思は時として不便である。10円のガムを噛みながら僕はそう思った。

忘れる、という能力者

昔から克服できない欠点がある。とにかく何でも忘れてしまうのだ。物、予定、人の名前まで、あらゆるものをすぐ忘れてしまう。それで困ったことが何度もある。まず忘れ物。財布、携帯電話、家の鍵は何度どこに忘れたかわからない。伊達メガネをいくつか持っているが、伊達メガネというのは所詮、伊達メガネ。自分の中で本当の必要性を感じていないのだ。なくても生活に支障はない。故に今まで10個以上はなくしている。

数年前に、高い買い物をして、それが入った紙袋を持って電車に乗ったことがある。あまりに車内が混んでいたので、その紙袋を網棚の上に置いた。しかし『いつもの感じで行くと、これは下車する時に忘れるパターンだな』と不安になり、『紙袋、絶対

に忘れるな。紙袋、絶対に忘れるな』と頭の中で反芻していると、普通に下車駅で降り忘れた。サザエさんみたいなミスだ。すぐに乗り過ごしたことに気付き、『次の駅で降りて戻ろう』と考えていたら、次の駅で降りた時には紙袋を持っていなかった。これは流石《さすが》に自分にゾッとした。

忘れ物をしすぎるので、最近の対策は〝なくさないように気を付ける〟ではなく、〝なくしても極力、痛手を負わないように安めのものを買う〟になっている。もうなくすことが大前提なのだ。

しかし、この〝忘れる〟の本質は忘れること自体にある訳ではない。確認を怠ってしまうことにある。

楽屋を出る時やタクシーに乗る時など、毎回忘れ物がないか確認しなければならない。自分のような忘れ物の多い人間ならなおさらだ。しかし何故か毎回、『大丈夫だろう』『俺が忘れ物をする訳がない』と思ってしまうのだ。今までそれで散々忘れ物をしてきたのに。それでも『今までそれで散々忘れ物をしてきたけど、今回は大丈夫だろう』と思ってしまうのだ。とんだ大馬鹿野郎だ。

そもそも『確認を怠らないようにしよう』とあまり思ったことがない。恐らく自分の中で〝毎回確認すること〟が一番のストレスなのだ。〝毎回確認すること〟すら忘れてしまいがちなので、常にそれを意識していなくてはならない。それこそがストレスなのだ。常にうっすら〝毎回確認すること〟のストレスがあるくらいなら、忘れ物をしてしまう方がよっぽどマシだと思ってしまっている。そして全てを忘却の彼方へと葬り去ってしまうのである。

先日、奥歯が痛くなってかかりつけの歯医者に行った。昔、治療した歯の詰め物の中が虫歯になっていたのだ。治療してもらうと先生が「一旦、応急処置をしておきました。次回しっかり治療するんで、それまでに痛くなったらすぐ連絡してください」と言い、その日は帰った。すると2日後、奥歯を堪《こら》えようのないズキズキした痛みが襲った。すぐに先日行った歯医者に電話すると、その日はなんと休診日だったのだ。チッ！と思い、仕方なく他の歯医者を探すことにした。

ネットで検索すると家の近くに開設して間もない歯医者があった。電話をしたら「今すぐ来てもらえれば治療できますよ」と言うので、そこに行くことにした。歯医者に着いて治療してもらうと、さっきまで激痛の走っていた奥歯の痛みは消えた。すると先生が「とりあえずこの歯が完治するまではうちに通ってください」と言うので、しばらくその歯医者に通うことにして、帰りに受付で次の予約を取った。

しかし、事もあろうに僕はその予約を忘却の彼方に葬り去ってしまったのだ。予約は完全に忘れ去られ、気付けば予約した時間は過ぎ、夜になっていた。急いで歯医者に電話し、「すいません。今日予約していたんですけど、忘れてしまって……」と言うと、「大丈夫ですよ。次の予約どうしますか？」と優しい対応をしてくれた。そして次の予約を取って、それからしばらくその歯医者に通った。

ところがそこから3回目の予約の時、僕はその予約をしたことをすっかり忘れてしまっていたのだ。1度目に予約を忘れてから2回忘れずに通えてしまっていたので油断していたが、僕は全てを忘れて無に帰する怪物なのである。慌てて歯医者に電話し、受付の人が出たので平謝りすると、「いいですよ。でも今週はもう予約でいっぱいなので、次回は来週になってしまうんですが大丈夫ですか？」と優しく言ってくれた。ホッとして、その場で次の週の予約を取った。しかし恐ろしいことに、僕はその予約も忘却の彼方に葬り去ってしまったのだった。

背筋が凍った。予約を忘れ、謝ってもう一度取った予約も忘れてしまったのだ。二重で忘れるという恐怖の事態になった。

予約をした時点で何かにメモをとる、携帯電話のスケジュールをセットするといったことをしなければならない。しかし何回もある予約の度にそうすることが、僕には他の人の何倍も重荷なのだ。それを避けた結果、とんでもないことになってしまった。

もう歯医者にどんな言い訳も通用しない。かといって何の連絡もしない訳にもいかず、意を決して歯医者に電話した。「本当にすいません。1週間経って予約をすっかり忘れてしまいまして……」とできるだけ反省している声音で言うと、受付の人が「そうだったんですね。次いつ来れそうですか？」と、あっさりした様子でいつも通り優しく対応してくれたのだ。九死に一生を得た気持ちで次の予約をして、もう忘れまい、と思い、予約日当日朝から歯医者の予約のことだけを考え、しっかり時間通りに行った。

歯医者に着くと、受付の奥にいつも治療してくれている院長先生がいたので、「すいません」と呼び止め「先生、前回、前々回の予約を完全に忘れてしまって本当にすいませんでした」と言うと、先生は冷ややかなトーンで「あ、忙しかった訳じゃないんですねー」と言った。『あ、嫌われている』とわかり、一瞬で背中にじっとりとした汗をかいた。

しかし、そんな出来事があったにも拘《かか》わらず、僕は次の次の予約を忘却の彼方に葬り去ってしまったのだ。これにはもう恐怖すら感じず、無の感情で『あ、もうあの歯医者には行けない』と思った。申し訳ない気持ちと、歯医者側にとっても僕は行かない方がいいだろうという気持ちで、もうその歯医者には行くのをやめた。

近場で行く歯医者を一つ失った僕は、歯も完治していなかったので元々通っていた歯医者に行くことにした。浮気した後、本命の彼女に会いに行く気分で元の歯医者に行き、名前が呼ばれる。施術台に寝そべって口を開けると、先生がいぶかしげな表情で「あれ？　岩井さん、どっかで治療してもらったー？」と言った。あまりの気まずさに『あー、この歯医者も、もう来れないな』、そう思った。

その帰り道、僕は雑貨屋に行き、さすがにスケジュール帳を買ったのだった。

コーヒーマシーンに振り回される

コーヒーマシーンを買った。1杯分のコーヒーを作ることができる家庭用の機械である。実家に住んでいた時によく使っていたことを思い出して、一人暮らしの家に買ったのだった。

僕はコーヒーを飲むことがよくある。しかし取り立ててコーヒーが好きなわけでもない。温かい飲み物が好きなのだ。嫌いな味でなければ、熱々の飲み物であれば何でも好きだ。なのでコーヒーマシーンを買いはしたが、実際は紅茶マシーンでも味噌汁マシーンでも、究極は白湯マシーンでもいいのである。

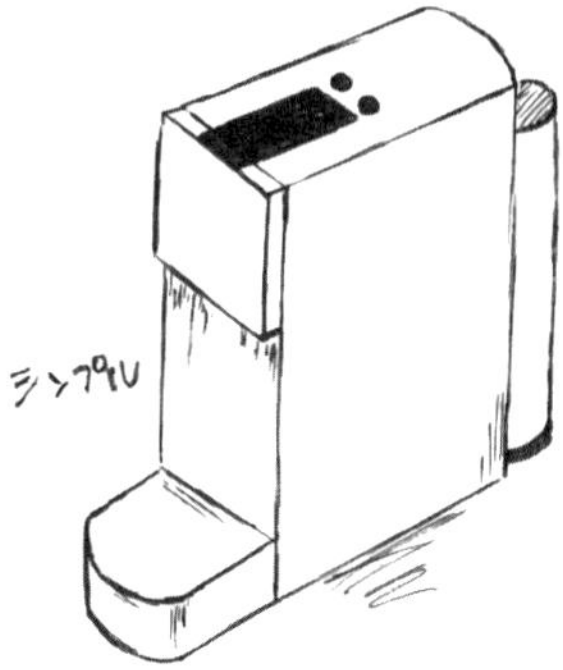

実家に住んでいた頃使っていたコーヒーマシーンは2代目で、初代のコーヒーマシ

ーンには少し不思議なところがあった。買った時にマシーンと一緒に専用のマグカップが付いてきたのだが、不思議なことに、コーヒーマシーンを起動し、注ぎ口にそのマグカップをセットして、コーヒー1杯分の抽出ボタンを押すと、専用のマグカップの容量が最大10とすれば、コーヒーが12ぐらい出てきてしまうのだ。当初マグカップから溢れ出るコーヒーを前に呆然と立ち尽くした。その後、何度やってもコーヒーの溢れ出る様子を見させられることになったので、少し大きめのマグカップを買わざるをえなかった。

初代を使い始めて何年か経ったある日、コーヒーマシーンの抽出ボタンを押すと、聞いたこともない異音を立て出した。マシーンは震え、狂ったように大きな奇声をあげた後、血反吐を吐くようにどす黒い少量のコーヒーを出して動かなくなった。しかし、マグカップに抽出されたそのコーヒーからは、ものすごく芳醇な香りがした。少しだけ舐めてみると、味わったことのない深みと、何とも言えないコクが口の中に広がった。それと同時に、このコーヒーマシーンは死に際に最高傑作を生み出し、今まさに事切れたのだと確信した。

初代が壊れ、後日2代目のコーヒーマシーンを電気屋に買いに行った時のこと。コーヒーマシーンのコーナーには1万円くらいのものから15万円もするものまであった。購入の視野には入れていないが、15万円のコーヒーマシーンを見ると、ありとあらゆるコーヒーを作る機能や細かいミルクの泡を作る機能など、てんこ盛りの内容だった。

しかしその隣の13万円のコーヒーマシーンを見ると、15万円のものと同じ見た目で、機能の説明も同じ内容にしか見えない。違いが気になり、近くにいた店員を呼び止めて「この15万円と13万円のコーヒーマシーンの違いって何ですか?」と聞くと、店員はしばらく考え「えーと、聞いてまいりますので少々お待ちください」と言って店の奥へと消えた。待っている最中、足もとを何かが通るのが視界にちらついたので下を見ると、どこからともなくルンバが来て足元を掃除していた。掃除機のコーナーから解き放たれたのか、野良ルンバが彷徨っていたので、「危ないから元いた場所へお帰り」と手で掃除機のコーナーの方向へ導いてやると、ルンバは素直に帰って行った。

そうこうしている間に5分、10分と時間は経った。そして20分以上待たされた時に、これは完全に放置されていると悟ったのだ。訳のわからない出来事に、狐につままれたような気分になり、この電気屋には二度と来るまいと思って電気屋から去った。そして帰宅後、その日電気屋で見た1万5000円程度のコーヒーマシーンを、通販で注文したのだった。

そんな過去を経て、一人暮らしで初めてのコーヒーマシーン。これもまた通販での購入だ。家に届いた段ボールからコーヒーマシーンを取り出すとそれなりに大きい。そしてすごくシンプルなデザインだった。無駄をすべて削ぎ落とし、白い低反発枕を縦にしたような、つるんとしたデザイン。

早速使ってみようと思い、ちょうどキッチンの棚の上が空いていたのでそこに置いてみた。収まりがいい。そしてコンセントを差そうと思ったその時、本体の裏に「コンセントを電源に単体でつないでください」と書いてあるのが目に入った。延長コードや電源タップのような何個もコンセントを差せるようなところから電源を取ってはいけないということだろう。

しかしキッチンのコンセント差し込み口を見ると、オーブントースター、レンジ、冷蔵庫で埋まっていた。他を延長コードでまとめようと思ったが、その全ての家電の裏に「コンセントを電源に単体でつないでください」の文字があった。そんなにキッチンにコンセントの差し込み口がある訳がない。恐ろしい表記である。僕はキッチンの家電全てにその呪いの文字が刻まれていることを知り、この解けないパズルを前に挫折を強いられた。出鼻をくじかれるとやる気がなくなってしまう。いや、もう無理じゃん！と思ってしまうのだ。

コーヒーマシーンを放置してしばらくリビングでテレビを見た。そしてもう一度気持ちを奮起させ、設置に取り掛かった。レンジとオーブントースターを電源タップで一緒くたにし、どちらか片方を使っている時はもう片方は使わないことにした。やっとのことでコーヒーマシーンの電源を取り、タンクに水を入れた。しかしどうやって使ったらいいかわからず、適当にボタンを押してみると、いきなりコーヒーマシーンがブーン！と動き出し、注ぎ口から大量のお湯を排出した。まだカップも設置していないので、マシーンの下の棚にお湯が全部かかった。その地獄絵図を見させられ、またもやる気が削がれてしまう。やめたやめた！と投げ出してしまう。

リビングのソファーに座りながら小一時間、携帯をいじった。そして小さくため息をつき、もう一度取り掛かることにした。とんだ牛歩の進みである。とりあえず濡れた棚を拭くところから始め、説明書をしっかり読み、ついにコーヒーが出せる状態までたどり着いた。ちなみに買ったコーヒーマシーンは豆を挽くタイプではなく、1杯につき小分けのポーションを1つ使うタイプのものだ。ポーションの種類は、最初のお試しセットに豆の味やフレーバーが違う14種類が入っており、後は好みの味を決めて注文するということらしい。

色ごとに味の違うポーションの、青色のを入れて1杯抽出してみた。部屋に芳醇な香りが広がる。飲んでみると本格的なコクがあり、うまい。その辺のコーヒーとは違う気がする。いろんな味を試してみたくなり、次は白のポーションを入れてコーヒーを抽出してみた。今度は甘い香りが部屋に広がる。飲んでみるとバニラの甘い味がした。どうやらバニラのフレーバーだったらしい。こんなコーヒーも飲めるのか、と楽しくなり、その日のうちにもう3種類飲んだ。しかし温かい飲み物が好きなだけの僕に、コーヒーの味がわかる訳もなく、あとの3種類も全て青のコーヒーと同じように、コクがあってうまいと感じただけだった。

そしてそれから1週間を経て14種類全てのコーヒーを飲み終わった。いろんな色のポーションの、いろんな味のコーヒーを飲んだと思う。しかし僕が分類できた味の種類は2種類だった。「バニラか、そうでないか」。自分のバカ舌を認識し、僕はバニラと一番最初に飲んだ青のポーションを注文することにした。

僕はコーヒーマシーンを愛用し頻繁に使っている。しかし、どれだけお金があっても、15万円のコーヒーマシーンを買うことはこの先もないだろう。

組み立て式の棚からの精神攻撃

組み立て式の棚は恐ろしい。自宅で説明書を見ながら自分で組み立てる棚のことだ。もし組み立て式の棚を買おうと思った時には、一度冷静になって考え直して欲しい。なぜなら棚というものは、場合によっては精神の破滅を招いてしまう悪魔の家具だからである。

先日、家の本を整理しようと通販で海外製の本棚を買った。天井すれすれの背の高さの、杉でできた温かみのある棚だ。通販サイトで見つけ、見た目重視で注文したのだった。注文する際、その家具を業者の人が自宅で組み立ててくれるというオプションがあったが、知らない人が家に入ってきてしばらく作業するのかと思うと、なんだ

か不安な気がして、そのオプションを付けずに頼んだ。

だが、そのオプションを付けなかったが故に僕はすぐに後悔することとなる。

数日後、注文した棚が家に届いた。見るからに大きい段ボールで2箱、重さもかなりのものだ。箱を引きずりながらやっとリビングまで運んで開封した。中に入っていたのは棚の部品というよりは木。木材が2箱にぱんぱんに詰められている。相当な量の木に驚いたのもつかの間、段ボールの底からビニール袋が出てきた。なんと、そこには組み立てに使うネジが100本近くも入っていたのだ。

この部品の量を見た僕は、棚のことは一旦忘れようと思い、段ボール箱をリビングの端に積み重ねてそのまま数日放置した。

しかし数日経って、リビングの端にずっと大きい段ボールを2箱置いておくストレスに耐えきれなくなり、棚を作ることに決めた。だが、わかるだろうか？　こんな部品の多い家具を組み立てる際の、組み立て0パーセントから1パーセントに持っていく大変さが。半日以上時間があって、前日から「明日は棚を組み立てよう」としっかり決め、なおかつ当日の朝起きた時に気持ちが乗っている——こんないくつかの条件がそろわないと棚作りに取り掛かることはできない。

それでもどうにか半日休みの日を見つけ、その日まで毎晩、買ったサイトの出来上がりの写真を見ることで自分の気分を盛り上げ、完成した棚が配置された部屋を想像し、墨で『棚』と書いた半紙を壁に掲げて過ごした。そしてついに当日を迎え、棚作りに取り掛かったのだ。

まず箱に入っている木を全部取り出して説明書を読む。しかしこの海外製の本棚の説明書がまた難解で、ほとんどの説明が絵で描かれているのだ。説明文の横にわかりやすいようにイラストが描かれているのではなく、文字のほぼない、絵で読み解く類の説明書だった。

こうなると、さらに作るのが難しくなってくる。ここで0パーセントから1パーセントの壁を越えた後の、1パーセントから2パーセントへの壁が僕の前に立ちはだかる。様々な木材と部品があるのだが、絵と照らし合わせた時に「どれがどれ⁉」となってしまうのだ。その状態になると、せっかく何日もかけて作ってきたやる気が削がれてしまう。案の定、その時作ろうと思った棚も「どう見ても最初に使う木がない！」という状況に陥っていた。そしてしばらく探してもどうにも見つからないので「いやいや、絶対ないじゃん！　は？　不良品だろこれ！　は⁇」と一人で半ギレ状態になってしまった。

微妙に形が違うが恐らくこれだろう、と思う木をどうにか見つけた。組み立ててみると、なんとなく組み合わさる。しかし、部品は合っているが説明書の絵とはサイズが微妙に違う。疑問に思って買ったサイトで調べてみると、僕が買った棚は、その杉の棚のシリーズのスタンダードなサイズよりは少し奥行きの狭いタイプの棚だったのだが、付いてくる説明書は一律でスタンダードなサイズの棚の説明書らしいのだ。

確かにその説明書でこの棚も作れるのだが、当然、部品のサイズが説明書とは少しだけ違う。「は？　なんなんだよ不親切な！　は⁉　だったら全部の部品が説明書と違うサイズじゃねぇかよ！」と、またも半ギレ状態になってしまったのだった。

このように棚の組み立てには要所要所でやる気を削がれる場面がいくつかある。

例えば、どうにか組み立てが進んで35パーセントまで終わり、ふと残りの部品を見た時、「ウソだろ⁉　これまだ半分以上あるのかよ！」という、果てしなさへの絶望を感じることがある。そこで一気にやる気がなくなってしまうのだ。

それと、途中でどう見ても1つ部品が足りないと気付き、「は？　なんだよこれ！　1つ部品ないじゃん！　は？　意味わからねぇわ！　不良品だろこれ！　は⁉」となってしまい、買ったサイトに電話してみると、「申し訳ございません。こちらのミスで入れ忘れていたみたいです」と言われた場合、「え⁉　今から送っても着くの2、

3日後ですよね⁉　今、作るモードに入ってるんですけど⁉　このモードどうしてくれるんですか⁉　部品が来たらまたモード入れなきゃいけないんですよ⁉　部品がないより、モード抜けちゃうことの方が大変なんですけど！」「これくらい組み立ての難しい棚を送ってくるお店ですから、モード入れなきゃ作れないことくらいわかりますよね⁉」と激怒してしまいかねない。

70パーセントまで作り、組み立てた棚を見ると、明らかに1つだけ逆方向に部品が付いていたことに気付き、もう一度解体してその部品の方向を直して組み立てるとなると35パーセントまで戻さなければならないことが発覚した場合、「は？　何これ⁉　なんで逆なんだよ！　は？　もう無理じゃん！　今から35パーセントまで解体してそこからまた組み上げられる訳ねぇだろ！　は⁇」と投げ出してしまう。

しかしどうにか組み立てていき、85パーセントまで組み上がると「もう少しで完成だから、少し休憩しよう」と思って、リビングでしばらくテレビを見ながらお茶でも飲む。すると、組み立てに夢中で何も食べていなかったことに気が付き、ご飯を食べ出す。食べ終わると、熱中して棚を作っていた時に汗をかいていたので一旦風呂に入ることにする。風呂から上がると、疲れから眠くなってきてしまい、ベッドで横になってそのまま寝てしまう。

そうした場合、不思議と次の日から一切その棚は作らなくなってしまうのだ。心のどこかで「もうここまで作れば完成したのと一緒」「いつでも完成させられるわ！」などと調子に乗っているので、たとえ残り15パーセントでも改めてモードを入れないと作れないことを忘れている。なので、なぜか作る気が起きないまま、部屋の端にはずっと85パーセントの棚が置かれているのだ。

こういった可能性が組み立て式の棚には潜んでいる。そう思うと本格的に棚を組み立てることができず、段ボールに戻してしまい、今でもリビングの端にはバラバラの木が入った段ボールが2つ、暗い存在感を放ったまま置いてあるのだ。

組み立て式の棚は恐ろしい。もし棚を買うことがあれば、完成している棚を僕はおすすめする。

あんかけラーメンの汁を持ち歩くと

仕事柄、常に調子を整えておかなくてはいけないのが喉だ。お笑い芸人として声が出なくなるというのは致命的である。ましてや僕などリアクションや動きが持ち味の芸人ではないので、喋れなくなったらお終いである。しかし、いくら気を付けていても1年に1度くらいは喉の調子が悪くなる時はくる。

ある朝起きると、頭がぼーっとして喉が渇くのを感じた。風邪だということはすぐにわかったが、とりあえずリビングへ行き、冷蔵庫から麦茶を取り出して飲む。すると麦茶が喉を通るたびに少し痛むのだ。これはまずいと思い、声を出してみると案の定、元プロレスラーの天龍源一郎のような度を超えたハスキーボイスを手に入れてい

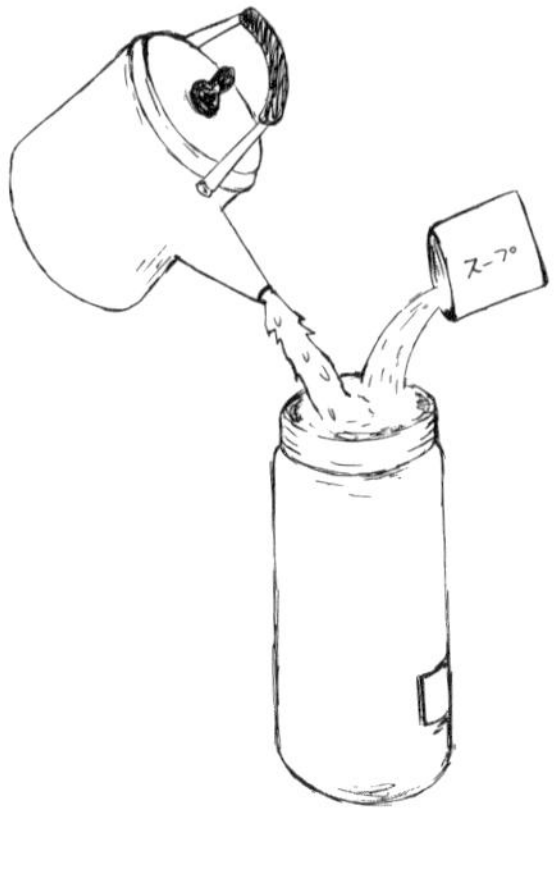

た。

　こうなると完治するのに2週間はかかる。すぐに近くの耳鼻咽喉科に行き、風邪薬や喉の炎症を抑える薬をもらったが、普段通りの声を出せるまで時間がかかるのは経験上わかっていた。解決策を考えようとパソコンでインターネットのページを開き、色々調べたが、結局喉を壊した時はハチミツが良いという誰でも知っている情報しか得られなかった。

　それでも気休めにと、スーパーに行きハチミツを買った。一緒に、お湯を注ぐタイプの粉の生姜湯も買い、家に帰った。

　家に着くとすぐ、やかんでお湯を沸かし、買ってきた生姜湯の粉をマグカップに入れてお湯を注ぎ、生姜湯を作った。そしてそこに大量のハチミツを入れて、おそらく喉に良い（と思われる）特製ドリンクを作ったのだ。

　飲んでみると、ねっとりとした液体が絡みつき、痛む喉に少し気持ち良い。ちょっと声を出してみたが、飲む前よりかなり出るようになった。これを水筒に入れて仕事の直前に飲めば、どうにか騙し騙しやっていける。そう思い、その日の仕事帰りに直接口をつけて飲めるタイプの水筒を買った。そして次の日からそれに特製ドリンクを入れ、仕事の直前に飲んではなんとかしのいだ。

しかし、その特製ドリンクの効果はあまり持続しない。頻繁に飲まないとすぐにまた声が出なくなってしまうのだ。そうやってちょくちょく水筒から特製ドリンクを飲んでいるうちに、あんなに大量のハチミツを入れた高カロリーの飲み物を毎日たくさん飲んでいたら逆に体に悪い気がしてきて、一定時間、声が出るようになる代わりに少しずつ寿命が縮むドリンクを飲んでいるんじゃないか、という気持ちにすらなった。が、どうにか2週間近くをしのぎ、いつも通り声が出せるまでに回復した。

それから少し経って、僕の中で大流行した食べ物があった。インスタントのあんかけラーメンだ。しょうゆ味の袋麺なのだが、他のインスタントラーメンと違い、作るとスープが絶妙にトロトロとしていて美味《おい》しい。2日に1袋のペースで食べるくらい、あんかけラーメン中毒になっていた。

ある日、このあんかけラーメンの美味しさについて考えた。麺は通常のインスタントラーメンと同じでよくあるちぢれ麺だし、特徴的な具もないので、結局トロトロとした少し濃い味のスープが勝因だという結論に至った。そしてあんかけラーメン中毒の僕は、この美味しいスープをいつでも飲めればな……という奇妙な願望を抱いた。それと同時に、この前買った水筒があるじゃないかと、閃いてしまったのだ。

早速家でお湯を沸かし、あんかけラーメンの袋からスープの粉だけを取り出した。そして水筒にあんかけラーメンのスープの粉を入れてお湯を注ぎ、持ち歩きできるあんかけラーメンの汁を完成させた。その場で少し飲んでみたが、やはり美味《うま》い。僕はそのあんかけラーメンの汁の入った水筒を持ち、出かけることにした。

その日は夕方から仕事があったが、その前にホームセンターで買い物をしようと早めに家を出たのだった。歩いて駅に向かい、駅のホームに着き、電車を待つ。そして電車を待っている最中、僕はバッグからおもむろに水筒を取り出し、あんかけラーメンの汁を飲んだのだ。外で飲むあんかけラーメンの汁はまた格別に美味い。駅のホームという公共の場であんかけラーメンの汁を飲むという、僕だけが感じている非日常が、また1つのスパイスになり美味しさを増幅させている気がした。

駅のホームには何人もの人がいて、僕が水筒で何かを飲んでいる姿を見られてはいるのだが、中身があんかけラーメンの汁とまではわからない。それどころか、水筒で飲んでいることによって「この人は自分の家から水筒を持ってくる、どこか温かみのある人なんだな」という印象さえ与える。僕は高揚する気持ちを抑えながら、水筒の蓋を閉めて電車に乗り込んだ。

目的の駅で降り、歩いてホームセンターに向かう途中の交差点で、信号を待った。

待っているあいだ、僕は再びバッグから水筒を出し、あんかけラーメンの汁を飲んだ。美味い。まさか向こう側で信号を待っている人も、僕が交差点であんかけラーメンの汁を飲むという異常な行為に及んでいるとは思わないだろう。屋外の、こんな人目につく交差点で何かとんでもないことをしている気持ちになっていた。

ホームセンターに着き、シーツと皿何枚かを選んでレジに持って行った。20代後半くらいの女性店員がレジを打ち、お会計が済んだ後、買った皿を1枚1枚割れないように包装してくれた。その少しの待ち時間、僕はまたしてもバッグから水筒を取り出し、あんかけラーメンの汁を飲んだのだ。女性店員がチラッとこちらを見たが、目の前であんかけラーメンの汁を飲んでいるとは決して思わないはずだ。おそらく「喉が渇いたのかな」程度に思い、包装作業を続けている。不特定多数の視線を感じながら飲むのとはまた違い、特定の人物に見られていると確信しながら飲むのも、それはそれで興奮するのだった。

その後、ホームセンターを出て、まだ仕事まで時間があったので近くの公園を散歩した。天気の良い昼間の公園は、子供とその母親達で賑わっていて幸せな空気が流れていた。僕は空いているベンチに腰をかけ、流れる雲を見ながらじっと座っていた。そしてもちろん、ゆっくりとバッグから水筒を取り出し、あんかけラーメンの汁を飲んだのだ。

子供達は広場で遊び、母親達はそれを微笑ましく見ながら談笑している。そしてベンチに座っている男は水筒の中のあんかけラーメンの汁を飲んでいる……。日常の平和な風景に潜む狂気の沙汰に僕は震えた。たまに子供達を凝視しながら飲んだ。この行為が何なのかと聞かれたらわからないが、確実に背徳感に似た感覚を覚えていた。

日常生活に、いつもやらないことを少し加えるだけで全然違う風景に見える。あんかけラーメンの汁はそれを教えてくれた気がした。しかし、一日中飲んでいたので、その日であんかけラーメンに少し飽きた。

珪藻土と自然薯にハマった

何かにハマると集中的にそればかりやってしまう。ハマると飽きるまでやってしまうことがある。〝飽き〟というのは恐ろしく、いくら好きだったものでも急に興味を削がれる。飽きなければ好きなことを延々とやっていられるので、どれだけ幸せだろうと考えたこともある。しかし、そうなると新しいものは何も生み出されず、人は進化をやめるだろう。飽きることで前進しているんだという結論にたどり着いた時、これからも〝飽き〟によって前進させられるのか、と思って、ちょっと疲れた。

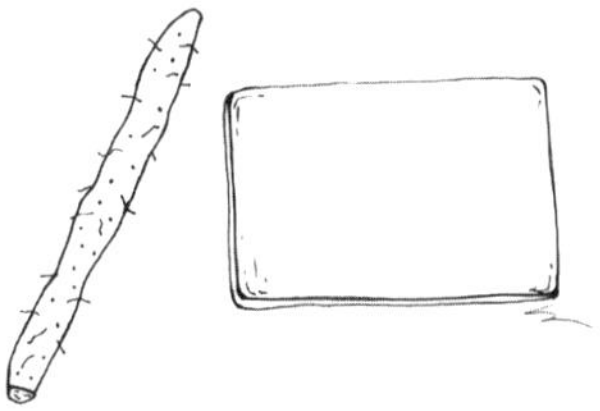

しかしハマっていたことに飽きる前に、パタリとやめてしまうこともしばしばある

のだ。

少し前に、珪藻土《けいそうど》にハマっていた。水をみるみる吸い取ってくれる石のようなもので、珪藻土を使う代表がバスマットだ。普通のバスマットは布製で、風呂上がりに乗れば水気は吸い取ってくれるがバスマット自体が濡れてしまい、割とすぐ洗うことになる。しかし珪藻土で作られたバスマットは、乗ると水気を吸い取った後、瞬時に乾く。吸い取れる量もかなり多いので、バスマット自体がビショビショになる心配もない。画期的な素材だ。

この珪藻土にハマってしまい、珪藻土を使った日用品を色々と買っていた。コースターや、砂糖や塩のケース内の湿気を取るために入れておく珪藻土ブロック、珪藻土でできた傘立てなど……家の水気や湿気を避けたいと、あらゆるものを珪藻土に替えていった。

ある日、いつものように風呂に入った後、珪藻土のバスマットの上に乗って体を拭いていた。しかしバスマットが足の裏の水気を吸い取り切った時、ふと、ある不安が頭をよぎった。

このまま珪藻土の上に乗り続けていたらどうなるんだろう？

風呂上がりの水気を全部吸い取った後、珪藻土に乗り続けていたらどうなるのか。

もしかしたら体についた水気を吸い取り切った珪藻土は、水分を求め、僕の足の裏から体内の水分を吸い取り始めるかもしれない。いつも珪藻土が水気をスーッと吸収する時のあの感じからすると、それもあり得るような気がしてくる。

足の裏からいつの間にか水分を吸い取られた僕は、みるみる痩せ細り、気付けば珪藻土から降りることもままならないほどガリガリになってしまい、ついには骨と皮だけとなった遺体として数日後に自宅で発見されるのである。珪藻土とは恐ろしい素材だ。僕は怖くなって、すぐさま珪藻土から降りた。

そんな想像をすると珪藻土に対してさらに不安が増す。コースターや、砂糖や塩のケースに入れてある珪藻土を触るたび、指先から体内の水分を吸い取られているような気になってくる。珪藻土の傘立てに置いてある傘が、ガリガリに痩せ細り、最終的に朽ちて粒子となるんじゃないかという気さえしてくる。

それ以降、うかつに珪藻土に近付けなくなって、僕は珪藻土を使うのをやめた。

食べ物に急激にハマることもよくある。

ある日、スーパーで買い物をしていると野菜コーナーに自然薯《じねんじょ》があるのを見つけた。

自然薯とは山芋の一種で、長芋のようにおろし器ですりおろすと、粘り気のあるとろろ状になる野菜である。スーパーでは珍しいと思いながら、僕は自然薯のある料理を思い出していた。

一度、自然薯を売りにした和食の店に行ったことがあるのだが、そこで出てきた鍋が美味しかったのだ。鶏肉と野菜を醬油ベースで味付けした鍋に、最後すりおろした自然薯をかけるのである。鶏肉と野菜に自然薯がうまく絡み合ってまろやかな味になり、絶妙な美味しさの鍋だった。それを思い出した僕は、家でその鍋を再現してみようと思い、自然薯と鶏肉と野菜を買って帰った。

家に帰り、早速土鍋を出してきて鶏肉と野菜を入れた醬油ベースの鍋を作る。そして買ってきた自然薯を1本丸々すりおろし、出来上がった鍋の上からかける。具を覆い尽くすか尽くさないかくらいの量の自然薯をかけたら、蓋をしてしばらく自然薯を温めて完成である。

出来上がりの見た目はいい。問題は味である。碗によそって食べてみると、思いの外、美味しい。それどころか思い出の店の味を8割方再現できている気がする。僕はその鍋の味にハマってしまい、その日の夜一人でペロリとたいらげた。

それから数日経つと、また無性にあの自然薯鍋が食べたくなった。白いネバネバとしたイメージが僕の頭を巡っている。気がつけば自然薯を買ったスーパーの前まで歩いて来ていた。野菜コーナーに行くと、やはり自然薯が置いてある。自然薯中毒となった僕は、前回より自然薯を多めに入れたらより美味しいんじゃないか、と思いつき、2本カゴに入れた。鶏肉と野菜とともにそれを買い、家に帰った。

家に着くと、前回と同じように鍋を作った。買ってきた自然薯を、今回は2本おろし器ですりおろす。ボウルになみなみ入った前回の倍の量のすりおろした自然薯が出来上がると、作った鍋の上にそれを全部かける。すると鍋の具を自然薯が覆い尽くし、溢れんばかりの量になった。そして自然薯を温めるために蓋を閉めた。しばらく待てば完成である。しかし、しばらくして蓋を開け、中を見て僕は驚愕した。

自然薯が鍋の具材の全てを飲み込んでいるのである。自然薯を入れすぎたのだ。上にかけただけのはずの自然薯が鍋の中まで入り込み、一つの塊となり、まるで大きいアメーバのようになっている。鍋の汁気も自然薯に飲み込まれ、気色の悪いドロッとした白い塊と化していた。一応スプーンで味見をしてみたが、前回の鍋とは到底似ても似つかない、酷い味であった。

どうにも食べられないので捨てようと思ったが、液体でも固体でもないドロドロのそれは、排水溝にも流せず、ゴミ箱にも捨てられず、どうすることもできない。とりあえずその日はもう一度蓋をして放置し、寝ることにした。

次の日、自然薯に飲み込まれた白い塊の始末を考えていると、ふとある考えにたどり着いた。恐ろしいものと恐ろしいものを戦わせて相殺すればいいんじゃないか。そうである。珪藻土バスマットに自然薯を吸わせるのだ。もしも、お互いの力が同じであれば、どちらとも消滅するんじゃないか。

しかしそこまでは思いついたが、どちらかが勝った場合、勝った方の恐ろしさを再確認することになるんじゃないかと、さらに怖くなった。

ハマっていたことに飽きる前に、パタリとやめてしまうこともしばしばある。こうして僕は珪藻土を使うことと、自然薯を食べることを、パタリとやめたのだった。

食べログ信者の僕が3・04の店に行ってみた

『食べログ』というサイトがある。僕は宗教などにハマったり、何かを熱狂的に信仰したりすることはないが、何か信じるものがあるかと聞かれたら唯一『食べログ信者』ではある。

ご存知の通り、『食べログ』とは飲食店を検索するサイトだ。飲食店がユーザーの投稿によって点数付けされ、その平均点がサイトに反映される。僕は人と食事に行く時は大体このサイトを利用して店を予約する。なぜなら、一緒に食事に行く人の食の好みがわからない時、この『食べログ』は評価を統計で表してくれているので、「大抵の人がいいと思っている」という理論で点数の高い店を予約しておけば、高確率で満足してもらえるからである。これに気付いた時から僕は熱狂的な『食べログ信者』

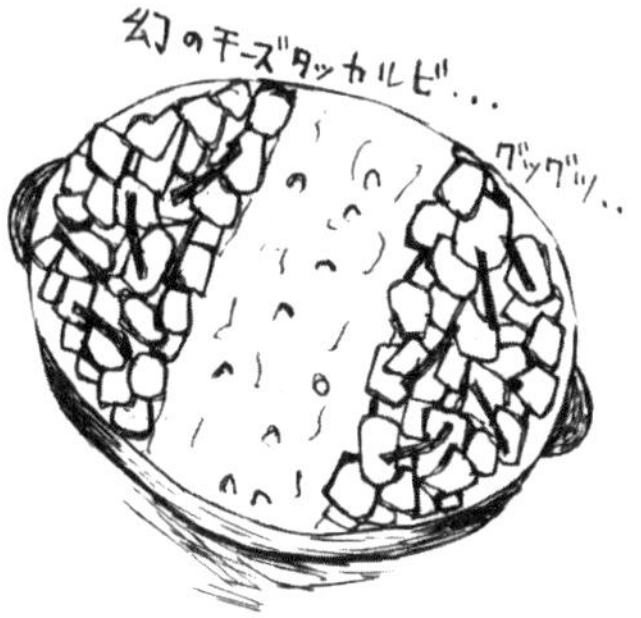

となったのだった。

数年前、僕は『食べログ』を知り、その素晴らしい教えに魅了された。そして月額300円+税というお布施を支払うことによって『食べログ』という神と契約したのだ。すると神は僕に、携帯電話でも検索したお店を点数の高い順にランキング形式で見られるという目を授けてくれた。また時には、お店によってクーポンを発行してくれるというご加護もあった。

さらに神は、お店の点数5点満点中、3・3点以上で普通、3・5点以上の店は文句無くいい店だということも教えてくれた。いい店というのは味はもちろんのこと、店の雰囲気、接客の良さなど全てが揃っているということだ。故に、僕は3・5点以上の店に行って嫌な思いをしたことがほとんどない。

しかし、それでもたまに神の教えに背き、点数の低い店に行ってしまうことはある。そうすると、僕に神の裁きが下る。

日曜日の遅い時間、休日で店も閉まり始めた頃、友達とまだ営業している店を探していた僕は、遅くまでやっている3・07点の韓国料理屋に入った。席に着き、メニューを見て店員を呼ぶと、ほとんど日本語の喋れない若い韓国人の男性店員が来た。カタコトで「お決まりですか？」と言う店員に、僕らは飲み物と、チャプチェ、海鮮チーズチヂミ、白菜サラダ、チーズタッカルビを注文した。しばらくして運ばれてきたのが、チャプチェと、チーズの入っていない海鮮チヂミ、白菜サラダを頼んだはずが白菜キムチ。そして確認するとチーズタッカルビは忘れ去られていたので、店員に「もう帰りますね」と言い、会計を済ませ店を後にした。

また別の日、一人で昼食をとろうと、歩いていて見つけた3・05点のラーメン屋に入った時のこと。当店のおすすめと書いてあった期間限定の海老つけ麺というメニューを頼むと、しばらくして麺とつけ汁が運ばれてきたが、明らかにつけ汁が少なく感じられた。案の定、麺をつけ汁につけて食べていると、つけ汁はどんどん減っていき、麺を3分の2ほど食べたところでついになくなってしまった。僕は店員を呼び「すいません、つけ汁を追加で注文したいんですけど」と言うと、店員は「期間限定メニューはつけ汁の追加注文やってないんですよ」と答えた。だったらあの少ないつけ汁でこの量の麺をどうやって完食しろというのだ。しょうがなく、器に残ったつけ汁にこすりつけながら麺を食べていたが限界がある。

ふとカウンターを見ると、手書きで「スープ割りあります！」の文字。つけ汁が余った時に、濃いつけ汁を割って飲むダシのことだ。このつけ汁のどこに余る要素があるんだ。腹が立ったので、つけ汁をこそぎ取ってピッカピカになった器を店員に差し出し「スープ割りください」と言った。見てわかる通り、割るものなんてないですけどね、という意味の最後の抵抗を込めて言ったのだ。

すると店員は「わかりましたー」と気力のない返事と共にピッカピカの器に透き通ったダシを入れて僕に差し出してきた。図太いやつだ。こうなるともう戦争である。僕は大して味のないダシを全部飲み干し、素の麵をずるずるとすすって完食した後、「会計お願いします」と言い代金を払って店を出たのだ。

また別の日。友達と3・04点のチェーンのお好み焼き屋に入った時、席に着きメニューを見ると、単品のメニューと時間制限での食べ放題メニューがあった。「単品でいいか」という話になり、店員を呼び、店のおすすめのお好み焼き、ホルモン焼き、イカの丸焼き、じゃがバターに、飲み物はウーロン茶とコーラを注文した。すると店員が「飲み物は単品で頼むより、2杯以上飲むならドリンクバーの方がお得ですよ」と言うので、メニューを見てみると単品のドリンクが220円、ドリンクバーが290円だった。お酒じゃないのでそんなに飲まないつもりではあったが、断るのも面倒なのでドリンクバーの方にした。

注文してしばらくすると、ホルモン焼きとイカの丸焼きに、じゃがバターを持ってきたので、僕らは鉄板に乗せ焼き始めた。すると、いくら待ってもそれらが焼ける気配がない。それどころか鉄板の火力は弱いままで、ずっとチリチリッという小さな音を立てるばかりだ。心配になりテーブルの横を見ると、鉄板のスイッチが〝保温〟に入っている。どうりで火力が足りないわけだと、スイッチの保温の逆側を見てみると、文字が削れてしまっていてよく見えない。それが〝加熱〟なのか〝切る〟なのかわからないので迂闊に触ることができないと思った僕らは、店員を呼び「これ、全然焼けないんですけど？」と聞いた。するとと店員はテーブルの横のスイッチを逆側に入れ「これで大丈夫です」と言った。

大丈夫です、とは何か？　申し訳ございませんでした、の間違いではないのか？と疑問に思いながらも鉄板が温まってくるのを待っていると、別の店員がお好み焼きのタネを持ってきて「今から鉄板で焼かせていただきます」と言って僕らのテーブルの鉄板にタネを乗せようとした。僕は少し焦りながら「いや、鉄板のスイッチが保温になってたから、まだしっかり熱くなってないんですけど」と言うと、店員は「置いていれば焼けてくると思いますので」と言って焼くのを強行しようとした。さすがに恐怖を覚え、店員を止めて「まだ全然鉄板が熱くなってないし、他の焼き物もまだ焼け

てないから後にしてください」と言うと、「では後ほど来ます」と厨房に下がってい
った。
　しばらくしてホルモンなどが焼け、食べていると再び店員が来て「お好み焼きを焼
かせていただきます」と言い鉄板にタネを乗せ始めた。一通り形を整えた後でテーブ
ルの端にあるストップウォッチを指差し、「そちらを押していただいて、6分経った
らひっくり返してください。その後さらに6分経ったら仕上げに参りますのでお呼び
ください」と言った。結局焼くのは僕らなのかと思ったが、言う通り表面6分、裏面
6分焼き、店員を呼ぶボタンを押した。しかし、そこから4分近く店員が来ないのだ。
それではストップウォッチを使って、きっちり焼いた意味がまるでない。表面6分、
裏面10分になっているではないか。遅れて店員が来て「仕上げます」と言いながらソ
ースとからしマヨネーズをかけた。それくらいの仕上げなら6分の時点でこっちでで
きるわと思ったが堪えた。
　その後お好み焼きを食べ、店に入って小一時間経った頃、店員が来て「すいません。
そろそろラストオーダーのお時間です」と言うのだ。そんなにすぐラストオーダーに
なるのなら、入店した時にそのことを告げないか?と思うのと同時に、ドリンクバー
じゃなくて単品のドリンクで良くなかったか?と不信感を抱いた。一緒に来た友達も

呆れ、もう帰ろう、という話になり、さっさとお好み焼きを食べ終え、伝票を持ってレジに行くと、レジでは子連れの母親3人がレジの店員と店のクーポン券の割引をめぐって熾烈な言い争いをしていた。さながら昼の番組の再現VTRのような光景に、『『こたえてちょーだい！』かよ！』と喉元まで出かかったが抑え、順番を待っていたが、待てど暮らせど言い争いは終わらない。

埒が明かないと思った僕らは3800円の会計だったので、レジにポンッと4000円を置き「ごちそうさまでしたー」と店を去ろうとした。すると店を出たところで店長らしき人に呼び止められた。そして「ご迷惑をおかけしました。これ、お釣りと、よかったら次回お使いください」と店のクーポン券を渡されたのだ。これが原因でもめてたんだろ！と思いながらも、とりあえず受け取った。

帰り道、友達と「すごい店だったな」と話していたが、それにしてもラストオーダーの早い店だと思った。夜9時前に入り、9時半にラストオーダーを聞かれたのでちょっと引っかかり、ネットで閉店時間を調べてみると、11時閉店なのだ。しかもラストオーダーは10時半だった。店員は恐らく他の席の食べ放題のラストオーダーと間違えて、僕らに伝えにきていたのだった。3・04点のめちゃくちゃな店に、僕らは不満でお腹いっぱいにさせられた。

こうして点数の低い店に行き、神の裁きを受けた僕はさらに『食べログ』に対しての信仰心を強くするのだった。今や、店を見るだけで数字が浮かび上がってくるように感じる僕は、今後も『食べログ』を使い続けるだろう。そして『食べログ信者』として、こうやって布教し続けるのである。

ルイ・ヴィトンの7階にいる白いペンギンを見張る人

休みの日や、仕事と仕事の間の空き時間が長かったりすると、たまに美術館に行く。昔、水彩画や油絵をやっていたこともあって、アートは結構好きだ。

中でも現代アートが割と好きで、お笑い芸人をやっている僕は、現代アートは大喜利に似ていると思っている。

大喜利というのは、お題を与えられてそれに対して面白おかしく回答するというものである。大喜利をやる上で、もちろん面白い答えは大事だが、その次に重要なのが、他の人が思い浮かばないような答えを出すことだ。なので、とにかく頭を捻っていろんな角度からお題を見て、回答を考える。

現代アートを見ているとそれを感じることがある。例えばキャンバスに絵を描くとしても、絵の具でどんな絵を描くかというのも重要だが、まずキャンバスをどう使うかを考える。バラバラに解体してもいいし、燃やしてもいい、そのまま何も描かずに飾ってもいい。言わばキャンバスを使った大喜利だ。

さらに、例えば、キャンバスに紐をつけて自転車で近所を引きずり回す。小一時間も引きずり回せば汚れたり破れたりするだろう。それを美術館に飾る。すると「この作品のタイトルとコンセプトは？」という大喜利が始まる。一番センスのある回答を、作品の右下の綺麗な紙に書いておけば完成だ。おそらく作品のコンセプトを決めてから制作し出す芸術家と完全に手順は逆であるが、現代アートはそういう視点で楽しめることがある。

たまに行く美術館がある。表参道のルイ・ヴィトンの7階にあるアートスペースだ。ここは半年程の周期で展示品が全て替わり、現代的なアートが多い。しかし、僕はルイ・ヴィトンのようなハイブランドのアパレルで買い物をすることはほとんど無い。展示を見に行く時は、入店してすぐ商品に目もくれず7階に行き、見た後すぐに退店するので、いつもどこか少し後ろめたい気持ちにはなる。

最初に行ったのは3年前。以前、知人からルイ・ヴィトンの上で美術展をやっているということを聞いていた僕は、仕事の空き時間にそれをふと思い出し、その時、何のアートを展示しているかも調べず、とりあえず行ってみたのだ。

表参道に着いたら、ルイ・ヴィトンの店舗に入り、エレベーターで7階へ行った。7階のギャラリーの入り口のドアを開けると、中はかなり暗い。家の天井の照明の、オレンジの小さい明かりだけが点いているのと同じくらいの暗さだ。開けてすぐの部屋は20畳くらいで、どこかにあるのだろうスピーカーから、風が強く吹いているような音が流れている。

入ってみると客は僕1人で、あとはその部屋の担当と思しき、ビシッとスーツできめた40歳くらいの男性店員が1人いるだけだ。部屋を見渡しても、暗さで何が展示してあるのか一目ではわからなかった。だが、しばらくして目が慣れてきても、見渡す限り何もないのだ。さらに目を凝らして見ると、ようやく部屋の隅に何かがあるのを発見した。恐る恐る近づいてみると、それは白いペンギンの置物だった。

大きさはペンギンそのもので、かなりリアルに作られている。中に機械が入っているらしく、たまに首と羽が少し動く。部屋にはどうやらそのペンギンの置物しかない。

たまにウィーンと小さな音を立てて動く白いペンギンの置物をしばらく眺めて僕は思った。「少し展示の情報を調べてから来ればよかった」と。

謎だ。うす暗い部屋の隅に白いペンギンの置物がある。見に来る人はこれを見て「美しい」とか「さすが」などといった感想を持つのだろうか。何の情報もないまま白いペンギンを見させられているので「よくわからない」という感想しか思い浮かばない。

よくわからないものをずっと見ていたくはなかったが、部屋には店員と僕の2人だけだ。すぐに部屋を後にすれば、その店員に「わからなかったんだな」と思われかねない。白いペンギンを見て、何かを思い、感心しているような素振りを店員に見せなくてはならない。

確か部屋に入る前、エレベーターを降りたところに今回の展示の説明が書いてあったが、読まずに来てしまった。本当はすぐさま戻って読みたいのだが、部屋の店員に「あ、説明見に戻ってる。わからなかったんだな」と思われるだろう。逃げ道はない。

しかしそう考えると、この店員のことが少し気になり始めた。うす暗い部屋で1人、白いペンギンを見張らされている。せっかく憧れのルイ・ヴィトンに就職したのに、〝ペンギンを見張る仕事に就かされるとは思ってもみなかっただろう。逆に〝ペンギンを見張る仕事〟と聞かされて誰がルイ・ヴィトンで働いていると思うだろうか。水族館の方がしっくりくる。そして、この人は一日中この白いペンギンを見張っているのかと思うと、少しだけ不憫になった。

同じ空間に店員と2人きりでしばらくいると、気まずい空気が流れている気がしてくる。耐えきれなくなった僕は、思い切って何か話しかけてみることにした。

「すいません……ペンギンの動きに規則性はあるんですか？」。正直そんなことにあまり興味はなかったが、沈黙を破ることが目的だ。すると店員は「いえ、動きはランダムですね」と言った。僕には店員の表情が少し嬉しそうに見えた。久しぶりに人と話した、といった表情だ。

僕は「そうなんですね。ありがとうございます」と返事をしつつ、このうす暗い部屋でランダムに動く白いペンギンを延々見張らされているから、ごくたまに激しく動いた時は「おぉっ……！」とか思うのかな、などと想像した。

ここで僕の頭に1つの考えがよぎった。このうす暗い部屋の隅には白いペンギンが1つだけ置いてあり、1人の店員が一日中見張っている。これに気付き、店員を見ることこそが、このアート作品なのではないだろうか、と思ったのだ。かなりの暴論だが、現代アートにおいて、そういうコンセプトは往々にしてある。

憧れの会社に就職したが、意にそわない仕事を与えられ、それでも日々仕事をしていく中でそこでのやりがいや楽しみを見つけていく。この部屋には現代社会で働く日本のサラリーマンの全てが詰まっているのだ。そう考えると、なんと時代に合った作品だろう。僕の中でかなりしっくりきた。
アートスペースを後にし、ルイ・ヴィトンの建物から出た。次の仕事に向かう途中で、その展示のことを携帯電話で調べた。するとそこには『地球温暖化により、南極大陸が溶けてできた島で白いペンギンを発見した。その島の形を音符に変換し、交響楽団が演奏。その演奏会で使った白いペンギンのオブジェを展示している』と書いてあった。

アートは理解を超えてくる。即興で考えた答えもいいが、確実にそれを超える答えを用意してくれている。現代アートのそこが好きなのかもしれない。僕は仕事に向かう電車に揺られながら、そんなことに気が付いた。

『叫び』に魅了されて理解したアイドルファンの心理

前に書いたように、僕は美術館に行くのが好きだ。昔の作品から、現代アートまでどんな展示でも見に行く。

中でもとりわけ油絵を見に行くことが多く、その画家が見つけた描き方や、固定観念から逸脱した考え方で描いた現代アートの絵を見ると、頭の中の扉が開き、新しい感じのネタが作れるんじゃないかという気がする。

天才と呼ばれる画家やアーティストの、常人には思いもよらないような発見や技法も、本人にとってみれば単なる〝閃き〟を試してみただけなことが多いんじゃないかと思っているので、その〝閃き〟を知ることによって、自分の新たなネタが〝閃き〟やすくなるのだ。

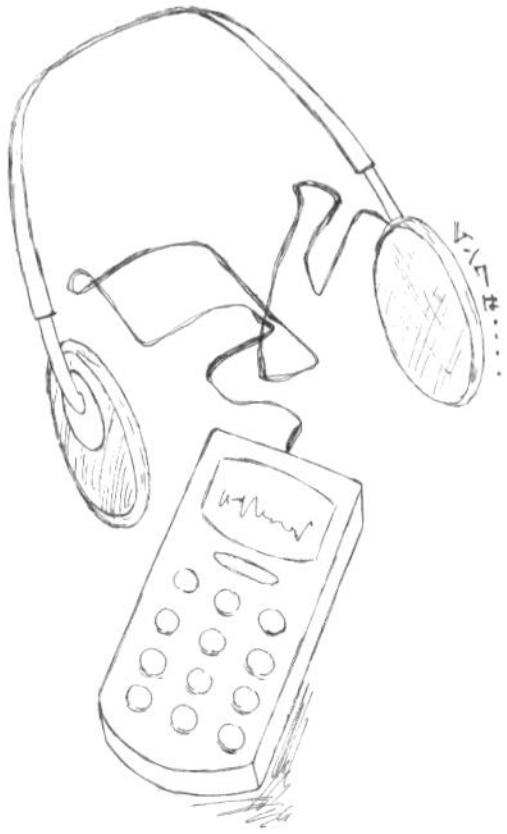

以前、上野の美術館で行われていたムンク展に行った。エドヴァルド・ムンクは、皆さんもご存知『叫び』で有名な画家である。その時のムンク展の目玉も『叫び』であった。

母親に「ムンクの絵、見てみたいから行こう」と誘われて一緒に行ったのだが、そもそもムンク展の紹介番組をテレビで観ていて、僕も興味があった。その番組で、ムンクの『叫び』は、油絵以外にも色んな手法で描かれていて、4枚の『叫び』が存在するということを初めて知って驚いた。ムンクはリトグラフやエッチングという版画の手法を使って、同じタイトルの絵を何枚も作ることが多い画家である。

美術館に着くと、チケット売り場は10分待ちだった。さすがムンク、人気である。客層は年配者が多いようだった。

チケットを買って美術館に入ろうとすると、入り口で音声ガイドのヘッドフォンの貸し出しをしていた。絵を見ながら音声で解説してくれるガイドの貸し出しは昔からある。しかし、最近の音声ガイドはすごい。アニメや映画の吹き替えなどで活躍する声優が、声を担当することがよくあるのだ。なので声優のファンらしき人もちらほら見かけたりする。

ガイドの内容も変わっていて、その絵の解説をいい声でしてくれるのではなく、声優自ら画家を演じて、その絵を描いた時の心境を語ってくれるので、内容がとても入ってきやすい。

一度、ゴッホ・ゴーギャン展に行った時に音声ガイドを借りたことがあったが、その時はゴッホ役の声優と、ゴーギャン役の声優の2人がガイドをしていた。2人の声優はゴッホとゴーギャンが共同生活をしていた頃を中心に演じていて、ゴッホが同性であるゴーギャンを好きだったという描写が色濃く含まれていたため、ヘッドフォンで聴くそれは、さながらBLドラマCDであった。

美術館という穏やかな場所で、なんだかいけないものを聴いているような気がしてきて、周りにいるヘッドフォンをつけている客もこれを聴き、ガイドを聴かずに絵を見ている客の中にいるのかと思うと、恐ろしく狂った空間だな、と感じたことがある。

ムンク展でも音声ガイドを借りて、母親と見て回ることにした。初期の頃の絵から順に展示されていたが、最初の頃の作品は『叫び』のような絵のタッチではなく、もっとスッキリした、単純に上手いとわかるような絵であった。

しかし音声ガイドを聴き、ムンクの人生が明かされていくと同時に、徐々に画風も変化していく。ムンクは若い頃に母親と姉、父親、祖母の死を経験する。そのうちに

〝死〟について深く考えるようになり、やがて精神を病んでいき、陰鬱な気持ちのピーク時に『叫び』という絵が生まれることになる。

ムンクの絵を年代順に見ていくと、ある一定の時期から背景の河や空が少しうねりだしてくる。あれ、背景の水がうねってきてないか?と、うっすら感じながらさらに年代を追っていくと、明らかに背景が渦を巻いてくる。うわ、完全にうねってきてると思ううちに、どんどん背景のうねりに手前の人物が飲み込まれ始め、さらにうねりは加速する。そして『叫び』の年代に近づくと、人物はうねりに飲み込まれ、白眼と黒眼の境目がなくなる。

やばい! そろそろ叫ぶぞ!と思ったあたりで絵はうねりのピークを迎え、ついにメインの『叫び』がくる。そして絵は完全にグニャーーーン!となり、ウヒャーーーーッ!!!と叫ぶのだ。

しかし人気のある美術展とはすごいもので、メインの『叫び』が置いてある部屋は絵の前に行列ができていて、客は柵で整列させられている。

列に並び、10分程度で『叫び』の前には行けるが、目の前で『叫び』を見られるのはほんの5秒程度で、それ以上見ていると警備員が来て「後ろの方がいらっしゃるんでお進みくださいー」と絵の前から剥がされてしまう。まるでアイドルの握手会のようである。

母親と列に並んで絵を見たが、5秒では絵の隅々まで見ることはできなかった。僕は『叫び』がリリースした、握手会参加チケット付きのCDを何枚も買ったファンのように、何度も列の後ろに並び直して見に行った。

繰り返し見に行っていると、できれば『叫び』側にも僕の顔を覚えてもらいたい、という気にさえなる。『叫び』が他のファンにどんな表情を見せているのか、気になってしまう。

しかし『叫び』もプロである。僕が一日に何度も並び直して目の前に行っても、嫌な顔一つしない。「また来たんですか」「長いし疲れた」といった表情を一切見せずに、僕にも他のファンにも毎回あの絶叫顔を見せてくれる。そして、そのプロ意識をまざまざと見せられた僕らファンは「絶対また行こう」と思うのだ。さすが長年、あの絵のセンターをやっているだけのことはある。

ただ、一つ問題なのは『叫び』には100年以上前からの古参のファンがついていることだ。最近ファンになった、いわゆる〝ミーハーファン〟である僕を受け入れてくれるかが不安だ。

しかし、ファン同士のそんなことより、とにかく『叫び』を応援しよう。売れてもファンで居続けよう。『叫び』が誇れるようなファンでいよう。僕はそう思ったのだった。

美術館に行くと色んな想像が掻き立てられる。毎回、何かしら新しい考え方を知って帰るのだ。僕はムンク展に行ったその日、なぜかアイドルファンの心理が少しわかった気がした。

リアル型脱出ゲームで出会ったオタク

〝リアル型脱出ゲーム〟というものを知っているだろうか。建物の一室や一フロアを使って、閉鎖された空間から脱出することを目的とするゲームだ。コンピューターゲームでも脱出ゲームはあるが、リアル型脱出ゲームは本当に自身がどこかに閉じ込められ、謎を解いて脱出を目指すものである。東京都内には色んな所にリアル型脱出ゲームをする場所があり、僕は何度か行ったことがある。

初めて行ったのは、番組で知り合った制作スタッフに誘われたのがきっかけだった。ある日「最近リアル型脱出ゲームというものにハマってるんですけど、今度岩井さんも行きませんか？」と言われ、存在は知っていて興味もあったので、行くことにした

のだった。

当日、待ち合わせ場所の都内某所の建物の前に行くと、番組制作スタッフが待っていて「友達連れてきました」と友人の男性を1人連れていた。どちらも僕よりは少し年上で、脱出ゲームは何度もやったことがあるようだ。番組制作スタッフは、その友人に誘われて始めたらしい。初心者の僕には心強いメンバーに「よろしくお願いします」と挨拶をし、建物に入った。

聞く所によると、その日は10人で脱出を目指すゲームらしく、僕らの他に全然知らない7人がグループや個人で参加するのだ。建物に入るとすぐ受付があり、予約名を言い参加費を払ってから、その日の脱出ゲームの概要が書かれた紙をもらい、待合室に案内された。

待合室には、一緒に脱出を目指す人達が集められていた。カップル、OLらしきグループ、1人で来ている男性。まるで館で殺人事件が起こる前のような空気である。そんな中、僕ら3人は「よろしくお願いしますー」と軽く挨拶をし、待合室の椅子に腰をかけた。

僕の隣には1人で参加している40代前半くらいの男性が座っていて、受付でもらった都内でやる他の脱出ゲームのパンフレットを見ながら、ブツブツつぶやいているのが聞こえた。「これは行った。脱出できた。これも脱出した。これは難しかったな。これはまだ行ってないから今度行ってみよう。でも意外と簡単そうだな」などと、やや早口で言いながらパンフレットを仕分けている。挙動を見ていると、その男性はリアル型脱出ゲームのオタクらしい。

　パンフレットを仕分けた後は、今日の概要が書かれた紙を隅から隅まで何回も読んでいる。どうやら全員に渡されたその紙に、脱出のヒントが書かれている場合があるようだ。読んだ後は、何故かその紙を手のひらで挟み、少し擦りながら手の温度で温め始めた。しばらく温めて手を離し、紙を確認して「うん、違うか」と一言。察するに、以前参加した脱出ゲームで、概要が書かれた紙を手で温めたらヒントが浮かび上がったことがあったのだろう。謎の行動を隣でされると少し怖い。

　脱出ゲームオタクの男性はその後、スニーカーの紐をしっかりと締め直し、バランス栄養食のＳＯＹＪＯＹを食べ始めた。まるで試合前のアスリートのようである。軽い気持ちで参加している初心者の僕は、その男性の気合いの入り方に一抹の不安を覚えたのだった。

　しばらくするとＯＬグループが何やらそわそわし出した。するとＯＬグループの１人が脱出ゲームの運営スタッフに声をかけ、「すいません。今日来るはずだった子が

1人、行きの電車が止まって来れなくなっちゃって……」と言った。どうやら4人グループの1人が来られなくなったので、3人で参加する旨を伝えたようだ。運営スタッフは「では本来10人ですが、1人来れなくなったということで、この9人でゲームを始めましょう」と参加者に伝えた。全員が「そういうことならしょうがないか」という空気の中、僕の隣にいた脱出ゲームオタクの男性が小声で「そうか、1人減ったのか。うわー、少し難度が上がっちゃうな。大丈夫かな」と言っているのが聞こえて、僕はまた少し怖くなった。

そしてついに脱出ゲームが始まる。待合室から10畳ほどの部屋に通される。いくつかの棚や、テーブル、椅子、美術品のようなものが並ぶ部屋だった。程なくして入り口が施錠される。運営スタッフから「入り口が閉じられました。ここは研究所です。今から1時間でこの部屋の謎を解き、脱出してください」と案内があり、ゲームがスタートする。

しかし、いざ始まってみると一体何をしたらいいのかわからない。初心者の僕が1人でオロオロしていると、僕と一緒に来た番組制作スタッフの友人が動き出す。「あなたはあそこの棚を探してください！　あなたとあなたはあそこ！　あなたたち3人はあの奥の壁のあたり！」とリーダーシップをとり、全員に指示を出して仕切り始める。皆の雰囲気から察するに、毎回最初に指示を出す人がなんとなく1人はいるようだ。

この人こういうタイプの人だったんだ、と思いつつも、「岩井さんは隅にあるタンスを調べてください！」と言われたので、タンスの捜索に取り掛かる。全部の引き出しの中を見て、何かが入っていないか調べる。

しばらくタンスを漁《あさ》っていると、いきなり脱出ゲームオタクの男性が僕の方に向かって早足で歩いて来た。なんだ!?と驚く中、僕が調べたはずの引き出しをもう一度開けて、引き出し自体を完全に引き抜き、その裏や、引き抜いた後のタンスの奥まで調べ出す。

すると引き抜いた後のタンスの奥から小さな袋が1つ出て来て、それを僕に差し出しながら「こうやって隅々まで調べないとダメですよ！」と注意した。僕はゲームが始まってすぐに怒られてしまい、少しテンションが下がる。ちなみにこの脱出ゲームオタクの男性は、全員に一通り指示が出される前のゲーム開始直後、すでに部屋のカーペットを裏返し始めていたのだ。

タンスからは、暗号が書かれた紙や、何かの鍵、よくわからない玉などが出てきた。

各々見つけてきた物を一旦テーブルにかき集め、その中にいくつかある暗号や数式が書かれた紙を、番組制作スタッフの友人が1人1人に振り分けて渡し「各々渡した紙の謎を解いてください！」と言った。僕も渡された紙の謎を解く。割と全員早めに解け、僕も謎を解くことができた。だが、僕が1枚の紙の謎を解いている間に、脱出ゲームオタクの男性は2枚の紙の謎解きを終わらせていた。

着々と部屋の謎が解けていくと、部屋の隣にもう1つ同じ大きさの部屋があることがわかり、通路を通っていけるようになる。隣の部屋は元いた部屋と家具の配置が全て同じで、実は通路が時空のトンネルという設定になっており、2つ目の部屋は元の部屋の1日前の部屋だということがわかる。そして2つ目の部屋で動かしたものは、元の部屋である、1日後の部屋に帰ると同じように動いているという、タイムリープを利用した非常に面白い設定だ。しかし、そんな複雑な仕掛けが乗っかると謎解きもより難しくなってくる。なかなか謎解きが進まなくなった。

中でも、1つだけ難しくて誰も解けない謎があった。それを半ば諦めて進んでいたのだが、脱出ゲームオタクの男性が全員行き詰まっている間にも熱心にそれに取り掛かっていた。何かをブツブツ言いながら謎を解こうとしていると、カップルの彼氏の方が「どれどれ……」と覗き込み、次の瞬間「あ！　これ、こうじゃないですか？」

と言って、サラッと解いてしまったのだ。

ふとした思いつきかもしれないが、全員から「すごーい！」という歓声が上がり、彼女の方も少し誇らしげな顔をしている。脱出ゲームオタクの男性を見ると、Tシャツの首元を摑んでパタパタやりながら「いや、でも今の謎は大体解けていたというか、答えが出てたようなもんなんですけどね……」と加速する小声で呟いていた。

ゲームも終盤になりかけた頃、残り5分のアナウンスが流れるとさすがに焦り出す。その頃には僕も脱出ゲームに没頭し、率先して行動しつつ、頭を回転させて考えてはいたが、またも謎解きは行き詰まった。全員の空気が一瞬止まった時、僕はOL3人組を見てあることが閃いたのだ。

しかし喉元まで出かかったそれは、言ってしまえばとんでもない空気になるということに、直前で気が付いた。全員が1日前の部屋にいたその時、僕はOL3人組を見て「今、来れなかった友達に電話して、明日電車が止まるってことを伝えたらいいんじゃないですか⁉」と言おうとしたのだった。

恐ろしい。脱出ゲームの世界観にのめり込み過ぎてしまったが故に、ゲームの設定だということを忘れ、本当に1日前にいると思ってしまっていた。もし言ってしまえば、全員に〝触れてはいけない人〟と思われ、仲間とやる脱出ゲームは僕だけ先に事実上ゲームオーバーを迎えていただろう。背中にじっとりとした汗をかいた。
謎は解けないまま、アナウンスで「10、9、8……」とカウントダウンが始まり、「4、3、2……」というところまで来た時に、脱出ゲームオタクの男性が「あぁぁーっ！　脱出率がぁぁーっ！！！」と悲痛な叫びを上げた。その声に他の参加者が一瞬ビクッとなり、同時に照明が暗くなって「ゲームオーバーです」というアナウンスが流れた。僕の初リアル型脱出ゲームは、脱出失敗に終わったのだった。

皆がっかりしながら部屋を出て、預けていた荷物を受け取り、建物の受付を出た所で「お疲れ様でした〜」とお互いに挨拶しながら散り散りに帰って行った。しかし、失敗に終わってしまったにも拘わらず、僕は帰る頃には脱出ゲームの虜になっていた。そして、参加者の中で一際落胆した表情で声にならない挨拶をし、トボトボ帰って行った脱出ゲームオタクの男性の背中を見て、僕もいつか脱出ゲームの概要が書かれた紙を手で温める謎解きに参加できたらいいな、と思ったのであった。

麻雀の不吉な上がりのせいで死に怯える羽目になる

僕の趣味の一つに麻雀がある。

麻雀と聞くだけで「あー、もうこの話わからない」と思う人もいるだろう。その気持ちはわかる。なぜなら僕が野球に対して抱いている感覚とほぼ同じだからだ。

野球好きの人は全人類が野球が好きと思い込んでいるかのように野球の話をしてくる。戦国武将の名前を言うかの如く、知らない歴代の名選手の名前を連呼してくる。誰彼構わず、持っている熱量を乱暴にぶつけてくるのだ。

是非知ってもらいたい。〝そんなにみんな野球が好きなわけではない〟。僕は好きなものの話をする時は、これを思い出しながら話すことにしている。

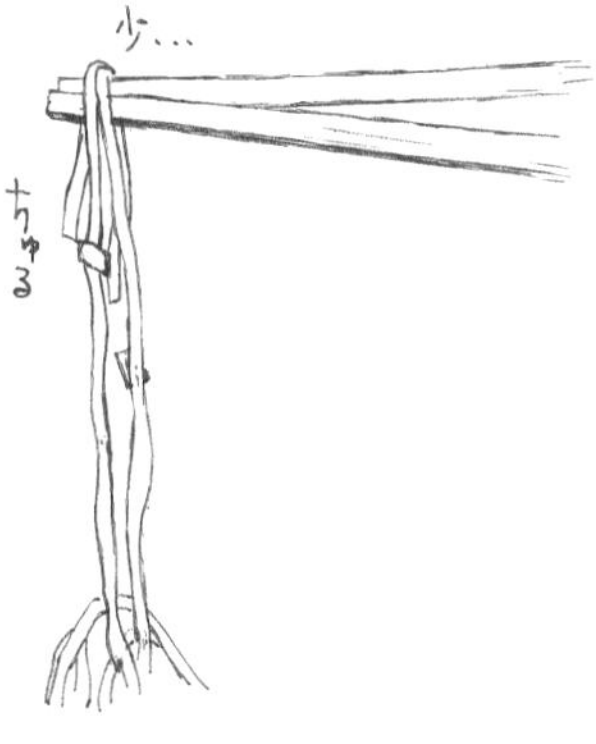

麻雀というのは高校や大学の頃、友達とやっていたかどうかで、できるかできないかの半分くらいが決まる。しかしその頃、僕は麻雀をやっていなかったので、始めたのは芸人になった後の24歳の頃である。後輩芸人に勧められて覚えたのだが、最初の頃はハマりすぎて、何日も連続で徹夜で麻雀をしたこともあった。

麻雀好きな人は口を揃えて「一番面白いゲームだ」と言うし、僕もそう思っている。というのも、麻雀は運と実力のバランスが最高に良いのだ。もちろんやればやるだけ上手くなるとは思うし、何回も勝負すれば上手い方が勝つだろう。

しかし、1回きりの勝負であれば、ど素人が麻雀プロに勝つことだって有り得る。その危うさが、麻雀を覚えた人を引き込む魅力なのだろう。

麻雀は14個の手牌《てはい》で上《あ》がり役《やく》を作るゲームである。上がり役によって得点が変わるが、一番得点の高い上がり役を役満《やくまん》と言う。

役満にも何種類かあるが、その中でも最も珍しく、作るのが困難と言われている役満がある。九蓮宝燈《チュウレンポウトウ》という役満だ。

僕は先日、知り合いと麻雀を打っていて、九蓮宝燈を上がった。人生で初めてだ。しかし、その時の僕と周りの反応は「え……上がっちゃった……」というもので、喜びや驚きの前に、戦慄が走った。

なぜそんな反応なのかというと、九蓮宝燈という役満はその珍しさ故に、麻雀界では〝上がったら死ぬ〟と言われているからだ。年配の麻雀好きの中でも「仲間が九蓮宝燈を上がって死んだ」なんていう逸話を持っている人がいたり、中国では九蓮宝燈が出たら牌を焼く、なんて噂もある。珍しい役であり、不吉な役なのである。

なので僕が九蓮宝燈を上がると、全員ゾッとしてしまい、口々に「もう帰ろう、帰ろう」と言い出して、その日は解散になってしまった。

その後、一人で家に帰る僕はずっと死の不安を抱えていた。

信号待ちをしていても、アクセルとブレーキを踏み間違えたダンプカーが突っ込んできて死ぬんじゃないかと思ってしまう。タクシーに乗っても運転手が大事故を起こして死ぬんじゃないかと不安になる。歩いている途中、急に暴漢が近づいて来て、襲われて死ぬんじゃないかと思ってしまうのだ。

どうにか無事に家に辿り着いたが、その恐怖は拭えない。夕飯にカップ焼きそばを食べていても、麺が喉に詰まって〝窒息死〟するんじゃないかと思ってしまう。なので怯えながら、麺を2、3本ずつちゅるちゅる食べるのだ。

お風呂に入ろうとしてもそうだ。濡れた風呂場の床で滑って骨が折れて〝骨折死〟するんじゃないかと思ってしまう。だから風呂場の床にも注意を払う。

シャワーを浴びた時に、思ったより熱いお湯が出て「あっつ!!」となって死ぬ〝あっつ死〟をしてしまうかもしれない。電気温水器が壊れて熱湯が出てくる心配がないか考えてしまう。

さらには、湯船に入ってからも、お湯が心地よい温度すぎて寝てしまって死ぬ〝湯船死〟をするかもしれない。お風呂にはなんと死の危険が多いことか。

お風呂を出てからも、僕は1階と2階があるメゾネットタイプの家に住んでいるのだが、1階と2階をつなぐ階段を踏み外してしまって死ぬ〝メゾネ死〟をするかもしれないので、慎重に登らなくてはならない。

リビングでテレビを見てくつろいでいても、通販番組で値段が発表された時、あまりの安さに「やすっ!!!」となって死ぬ〝やす死〟をしてしまうかもしれない。通販番組を見ていて、こんなに特典がついて高そうだな、と思い始めたら、値段発表の時は注意しなくてはならない。

何もしていなくても、急にソファーの脚が折れてガクンッ!となって死ぬ〝ガクン死〟をしてしまうかもしれない。九蓮宝燈にはそれくらいの力があるはずだ。

台所で食器を洗っていても、お気に入りの食器を割ってしまい、テンションが下がって死ぬ〝がっかり死〟をしてしまうかもしれない。こんな日に洗い物は禁物である。

一日気持ちを落ち着かせるために、家にあるお香を焚こうと思ったが、もしかしたらお香がいい匂い過ぎて死ぬ〝かぐわ死〟をしてしまうかもしれない。もはやリラックスすることさえ許されない。

トイレに入り、ウォシュレットを使おうと思ったが、水圧が強すぎてウォーターカッターの要領で貫かれて死ぬ〝ウォタ死〟をしてしまうかもしれない。便利だからといって迂闊にウォシュレットには頼れない。

歯を磨いていたが、歯磨き粉のミントが強すぎて死ぬ〝スースー死〟をしてしまうかもしれない……家中どこにでも死の危険があるので恐ろしい。

それならば、いっそのこともう寝てしまおうと思い布団に入ったが、寝たが最後、二度と起きられなくて死ぬ〝ぐっすり死〟をしたらどうしようと考えてしまうのだ。

そう心配しているうちに疲れて本格的に寝てしまい、朝になった。起きて昨日、死を心配していたことをもう一度考えたが、実際には家に帰った後、夕飯を食べて風呂に入って歯を磨いて寝ただけである。俺は一体何をやっていたんだ、と一晩明けて我に返った。

体験したことのないことと、得体の知れない噂が合わさった時、人は恐怖してしまう。好きなものに殺されずに済み、僕は安心したのだった。

後日、九蓮宝燈を上がったことを麻雀好きの友達に話した。するとその友達は「あ、俺も何年か前に上がったことあるわ」と、にこやかに返した。

野球嫌いの僕が落合福嗣と神宮球場へ行った

僕はスポーツ観戦に興味がない。幼稚園から高校までサッカーをやっていたのだが、サッカーですら観戦することには興味がないのだ。

人を応援することに興味がないのかもしれない。知り合いでもない人が勝負しているのを見て沸き立つ気持ちが僕にはない。スポーツ観戦好きから批判を受けようが、そんなものは知らない。とにかく興味がないのだ。どうしようもない。僕は勝負事には自分が参加していないと楽しめない人間なのだ。

そんな僕が最も冷ややかな目で見ているのが野球だ。そもそも僕の父親はサッカーのコーチをやっていたので幼少期からサッカー漬けの毎日で、野球を一切経験してきていない。父親とキャッチボールではなくサッカーボールを蹴り合っていたので、野球に関してはルールすらよくわかっていない。

野球好きな人は熱量の押し付けがすごい、とよく思う。当たり前のように選手の名前を日常会話に入れてくる。織田信長と言うかのごとく選手の名前をサラッと言われると「この人はパラレルワールドの住人なんだ」と思う。自分の応援しているチームが優勝した時には「一緒に喜ぼうよ！」という雰囲気が体中から出ている。それをどんなに指摘しようが、パラレルワールドを生きているので、こっちの世界の常識は通用しない。「そんなことも知らないの？　日本人なのに」という非国民扱いを受けるのがオチだ。これが僕を野球から遠ざけている理由の1つである。

「国民的スポーツ」という言葉がある。しかし実際はというと、スポーツ観戦をしている国民のほうが今はマイノリティではないか。大概、ルールもちゃんと理解していないスポーツの結果をニュースで見る程度だ。だからイケメンや可愛い選手が現れた時には特別話題になる。多くの人がちゃんと見ていないし、そもそもそのスポーツのことをよくわかっていないので、食いつくポイントがその程度のところしかないのだ。

なので恐らくスポーツ観戦をしていないほうが〝国民的〟だ。それにしても、〝国民的〟という、さも常識であるかのようなイメージを押し付ける表現は怖い。

さらに、僕が野球観戦をしない理由は野球場にもある。野球場ではお酒が売っていて多くの観客が酒気を帯びている。その上、敵のチームのファンも同じ会場にいるので若干殺気立っている。酔っていても理性のきく人ばかりではないし、普段より気が大きくなっている人も多い。大声で野次も飛び交う。野球場に限らず、そんな空間が嫌いだ。毎回そうではないという意見があるかもしれないが、行った回がそうではない保証だってない。そんな訳で僕は野球観戦をしたことがなかった。

しかし、先日ある番組で落合福嗣さんと一緒になった。落合福嗣さんは中日ドラゴンズの落合博満元監督の息子だ。仲良くなり連絡先を交換すると、「今度、野球観戦に行きましょうよ！」と誘われた。スポーツ観戦に興味はないが、初の野球観戦が落合元監督の息子と一緒ということには興味があった。「行きましょう」と返事をして後日、福嗣さんと番組スタッフの女性（40代）も含め、3人で神宮球場に行くことになった。

その日はヤクルトスワローズ対中日ドラゴンズの試合だった。神宮球場で待っていると、福嗣さんと女性スタッフが来た。チケットを買い、野球観戦の世界に飛び込むためビールも買った。球場内に入り席に着くと、試合前のグラウンドでは球団のマスコットキャラクターやチアガールがダンスのショーをしている。試合開始までの時間も楽しませようという気配りに感心した。

野球場を見渡して、福嗣さんが「そろそろシーズン終わるんで人多いですね～」と言ったので、僕は「そうですね～」と一応相槌をうち「……シーズンってなんですか？」と聞いた。僕の野球の知識などそのレベルだ。聞くと、どうやら6球団で予選をする期間のことらしい。予選がそろそろ終盤なので客が多いということなのだ。その後、セ・リーグとパ・リーグとは何か……など、基礎的な説明を受けた。この程度の野球の説明を落合元監督の息子に直々にしてもらう。そんな贅沢な使い方はないだろう。説明を聞きながら少し申し訳なくなった。

そして試合が始まる。なんとなく、一応僕と女性スタッフがスワローズ、福嗣さんがドラゴンズを応援することに決めた。

その日、なんとスワローズの先発投手は初先発の新人だった。初めて観に行った野球の試合で、初先発の新人投手が投げている。なにかの縁を感じ、その選手に注目しながら応援することにした。

新人投手は1回、2回と順調に0点で抑える。3回も0点に抑えた時には「いいぞ、いいぞ」といつの間にか僕も前のめりで応援してしまっていた。しかし4回、ドラゴンズの外国人選手にホームランを打たれ、そこから調子を崩して4回だけで5点入れられてしまう。「まずい……」と思ったのもつかの間、新人投手は次の投手に代えられてしまうのだった。

応援していた新人投手とチームの悲劇に、僕もスワローズファンも少しテンションが下がった。しかしその矢先の6回、スワローズに連続ホームランが出て、5点を返したのだ。球場は大盛り上がり、あまりの面白い展開に僕らも席を立って盛り上がる。その時、事件は起きた。

立ち上がって応援していた女性スタッフがバランスを崩し、おつまみとして買っていたソーセージの盛り合わせを前の席にぶちまけたのだ。前の席には若いサラリーマンの3人組が座っていて、運悪くその1人の白いワイシャツにソーセージの油とマスタードがベットリとついてしまった。サラリーマンは突然の出来事に「うわぁぁあああっ！」と絶叫。女性スタッフは「すいません、すいません！」と謝りながらも、慌ててバッグから海外製のシミ抜き用のスプレーを取り出してサラリーマンのワイシャツにかけ出した。しかし得体の知れない液体をかけられたサラリーマンは「ちょっと待ってください！　これ大丈夫なやつですか!?」と叫びながら恐怖に震え、その場は混沌とした。

その後、ハンカチで一生懸命叩いていると、だんだんとシミは落ちて目立たないくらいになった。人のいいサラリーマンは「あ、ありがとうございます」とハンカチでしばらく叩いていた女性スタッフに言った。僕は「ありがとうございます」だけは絶対に違うだろ、と思った。シミを落としてもらったとはいえ、そもそもシミをつけられているのだ。混沌の末、立場が逆転するという現象が起こっていた。

試合はスワローズの1点リードで終了し、6対5で勝利。初の野球観戦はすごい攻防戦を繰り広げ、応援したチームの勝利で終わった。興味のなかったスポーツ観戦も、球場側の楽しませ方、周りの雰囲気に押され、最終的に僕は結構楽しんでいたのだ。

3人で野球場を出ると、球場の外で対立するチームのファンらしきおじさん2人が、酔って喧嘩をしているのが遠巻きに見えた。

「野球好きへのイメージは変えられないが、野球観戦にはまた行きそうだな」

おじさん2人の怒号を背中で聞きながら、僕はそう思った。

通販の段ボールを切り刻んで感じた後味の悪さ

僕はよく通販を利用する。食べ物以外のものはかなり通販に頼っていて、実際に店に買いに行くよりも安いことが多々あって便利だ。

しかし、通販ばかりに頼っていると不便なことが1つだけある。段ボールだ。通販の商品は大体段ボールに入って家に届くので、どうしても段ボールがたまってしまう。今住んでいる地域は、段ボールをゴミに出せる日が週に1度しかないので、その日を逃すとまた来週となる。そして次の週も逃し……といった具合で、家に段ボールが溢れ返ることがたまにある。

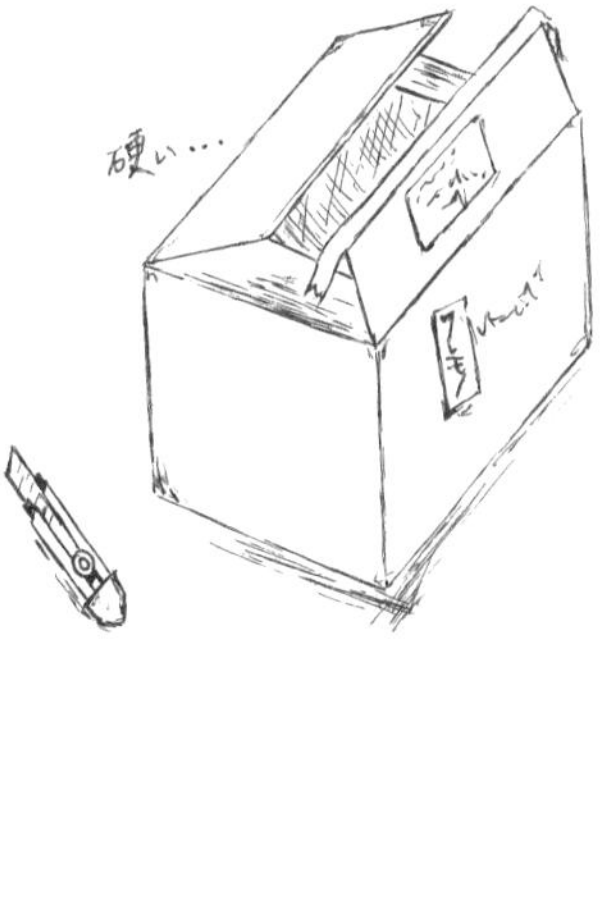

先日、通販で花瓶を買った。家に花瓶は何個かあってインテリアとして買っている

のだが、生花を飾ると手入れが面倒なのであまり花は飾っていない。しかし何も入れないのも味気ないので、花瓶には枯れた木を挿している。そもそも枯れている木なら水も与える必要がないし、半永久的にその姿のままという怠惰な発想である。適当な木を買い、水を与えず、完全に木が生命力を失ったら花瓶に入れるという、死のインテリアを採用している。

花瓶を段ボールから出した後、とりあえず段ボールを箱のまま納戸に押し込んだ。だが、翌週そのことを忘れて、うっかりゴミの日を過ぎてしまったのだ。しかもその間にも何度か通販で買い物をしていたので、さらに段ボールはたまり、納戸をかなり圧迫していた。

ある日の午後、僕は納戸にある箱のままの段ボールを潰して小さくしようと思い立った。リビングに引っ張り出してきて、段ボールに貼ってあるガムテープを毟《むし》り取り、小さく折りたたもうと試みた。しかし、花瓶が入っていた段ボールは、恐らく割れ物用の分厚いものだったため、硬くて折りたたむことができない。仕方がないので紐で括りやすい大きさまで、カッターで切り刻むことにした。

カッターを取り出してきて、刃を段ボールに押し当てるが、刃は入れど硬い段ボールはなかなか切れていかない。思いっきり力を入れてズズッと数センチ切れる程度だ。このカッターでは埒が明かないと思い、戸棚の奥からさらに太くて刃のしっかりしたカッターを持ってきて、再度切り始めた。力を入れれば、前のカッターよりは切れ味が良かったので、そのまま一心不乱に段ボールをバラバラに刻んだ。

その日は晴れた暑い日で、日中のリビングで力任せに段ボールを解体していた僕は、終わった頃には汗だくで息も上がっていた。ぜぇぜぇと荒い呼吸をしながらバラバラになった段ボールをビニール紐でぐるぐる巻きにしていく。縛り終えると、庭にある、ゴミの日までゴミをまとめて入れておくためのボックスに入れ、蓋をバンッ！と閉めた。

「はぁ……！」と一度大きなため息をつき、汗だくだったので洗面所に行って顔と手を洗った。そして、洗い終わって目の前の鏡で自分の顔を見た時にふと思った。「なんか後味悪いな」。

面倒な仕事を片付けた後なのに何故かすっきりしない。このモヤッとする感じはなんだろう。思い返してみると、僕はあることに気がついた。

納戸に入れてあった段ボールを引っ張り出してきて、リビングで切り刻む。普通のカッターではなかなか切れず、戸棚の奥からさらに太いカッターを出してきて力任せに解体する。ぜぇぜぇと息を切らして、汗だくになりながら作業を終えた後、それを庭のボックスに入れてバンッ！と閉める。そして家に入り、洗面所で顔と手を洗うという一連の出来事を思い返してみると、これが何かに似ているのだ。

僕はすぐにそれがわかった。よく、サイコホラー映画などで出てくる死体をバラすシーンとそっくりなのだ。

家のどこかに隠していた死体を引っ張り出してきて切り刻もうとするが、普通の刃物では刃が入らず、大きい刃物を持ってきて力任せに解体する。汗だくで死体をバラバラにした後、庭のボックスに入れて蓋を閉め、家に入って洗面所で念入りに手と顔を洗う。そして洗面所の鏡で顔色の酷い自分を見つめる。こんなシーンと酷似しているのである。

後味の悪さの理由に気づいた僕は、背中にじっとりとした嫌な汗をかいた。

そのイメージはもう忘れようと思い、キッチンで蕎麦を茹でて昼飯を食べることにした。なんだかこのタイミングで肉を食べられるような気はしなかった。

茹でた蕎麦をシンクでざるにあけていると、ピンポーン！と家のチャイムが鳴った。「あれ？　通販か何か頼んでたっけな？」と思いながらドアモニターで玄関の外の様子を見た。すると何故かそこには警官が立っていたのだ。

タイミングが合いすぎていて、僕は少し後ずさりした。心拍数が上がる。もしかして庭のボックスの中身に感付かれたんではないだろうか。それとも近所から異臭がするなどの通報があったのか。

僕は恐る恐るインターホン越しに「はい……」と出る。すると警官は「今、地域の巡回連絡カードを作成しているのでご協力お願いできますか？」と言った。そういうことか。少しホッとし、玄関を出て、渡された「何人暮らしで〜年齢は〜」などといった書類をその場で書いた。

しかし、もしかするとそんなものはダミーで、もう庭のボックスの中身は承知の上で、調査をしに来た可能性もある。そんな恐怖心を抱えながら、僕は震える手で書いた紙を警官に渡した。

「ご協力ありがとうございます！」と警官は去っていったが、去った後も気持ちはざわざわしていた。

それから仕事へ行き、夜帰って来て風呂へ入り、すぐに寝た。その日、僕は悪夢を見た。パトカーで警官に追われ、追い詰められた僕は、フェンスを登って逃げようとしたが、パトカーから降りた2人の警官に取り押さえられるという夢だ。後ろから頭を地面に押さえつけられたところで夢から覚めた。額に汗をかき、心臓はバクバクしていた。その夢のことは鮮明に覚えている。

キッチンに行き、蛇口をひねってコップで水を1杯飲んだ。ふと庭を見るとボックスがある。ボックスには生ゴミも入っていて、そのせいか周りに1匹ハエが飛んでいた。

「もうダメだ、腐り始めてやがる……」

時間は残されていない。そう思った僕は、その週の段ボール回収の日に、忘れずにちゃんとゴミ集積所に段ボールを出した。

僕は通販を頻繁に利用する。今も納戸には段ボールが死体のように押し込められているのである。

組み立て式の棚、ふたたび

一つのことが原因で、全てが壊れてしまうことがある。しかし壊れてしまった後に原因を辿ると、ほんの小さなズレや綻びが元となっていたなんてことは珍しくない。

前に「組み立て式の棚の恐ろしさ」について書いた。組み立て式の棚はそれを作る過程で精神の崩壊を招く悪魔の家具だ。しかし、実はそれだけではない。組み立て式の棚はさらに恐ろしいことを招く可能性を秘めているのである。

僕は棚を組み立てる際、部品の識別や説明書がややこしいと「は?? 無理じゃん！ なにこれ!? 意味わかんないわ！ は??」となってしまうことがあるのだが、恐らくこれは僕に限ったことではなく、そうなってしまう人は少なくないと思う。そして、

僕の父親もそのタイプだった。

僕が実家に住んでいた頃に、家族が通販で組み立て式の棚を買ったことがあった。こういった物の組み立ては大概父親が任されるのだが、リビングでしばらく作業をしていると、やはり僕と同じように、説明書の文章がわかりづらく部品が見つからないことで、父親が「は⁇　なんなんだこれ⁉　部品1つないわ！　どうなってんだよ！　は⁇」という状態に陥ってしまった。

挙げ句の果てに「ダメだこれ！　不良品だわ！　捨てだ！　捨て捨て‼」などと言い、母親を呼んで「これ部品1つないから捨てといて！　捨て捨て‼」と、とにかく〝捨て〟というパワーワードを連呼しながら激怒してしまうのだ。すると母親は呆れつつも「ちゃんと見ればあるんじゃないの？」「この部品がここなんじゃないの？」と冷静に作ることを促すが、父親は「いや、やってっから何回も！　全部試してなかったんだから！　もう触んな！　捨てとけ‼」と応戦し、火に油が注がれる結果となる。それでも母親が「なら私がちょっとやってみるわ」と棚作りの続きを始めると、父親は「いやいや、絶対無理だから！」と怒りながら自分の部屋に行ってしまうのである。

しかし母親が棚作りを引き継いでも、結局父親と同じところでつまずいてしまい、一向に進まない。するとしばらくして部屋から父親が戻ってくる。そして作業が進んでいない母親を見て、半ギレ状態で「ほらな」と言い放つのだ。

このままでは埒が明かないので母親が注文した会社に電話しようとするのだが、そこでも父親は「いいよ電話しなくて！　捨てなんだから！　捨て捨て！」と〝捨て〟の猛攻が止まらない。それを無視しながら母親が注文した会社に電話すると、結局その会社が部品を1つ入れ忘れていたことが発覚するのだ。

それを聞いた父親は「は⁇　なんなんだそれ！」とさらに怒り狂い、母親は入っていなかった部品を送ってくれるようにその会社に言う。しかし部品が来るのは3日後で、そうなると部品が来た頃にはもはや手遅れなのだ。父親はやる気が削がれて、一切作らなくなってしまう。仕方なく母親が棚を作り始めるが、棚作りは意外と体力を使うので、早々に限界がきてしまう。

「はぁーっ……」と深いため息をついた母親は、4人家族のうちの、妹の部屋に向かう。そして妹に「ちょっと棚作るの手伝って。一人じゃできないから」と言うと、妹は「え、なんで？　お父さんは？」と返す。「お父さんもうやらないから」と言うのだが、妹は「えー、嫌だ。やることあるし、やりたくない」と拒否すると、母親は疲れた様子で「じゃーもういい」と妹の部屋を出る。すると次は僕に「棚作るの手伝って」と言いに来るのだ。僕も「なんでだよ……」となるのだが、最終的には「わかった」と渋々手伝う羽目になるのである。

こうして棚作りを手伝い始めるのだが、しばらくすると僕は、妹は手伝わないのかということに気付き、母親に尋ねると「なんかやりたくないいんだって」と言う。それを聞いた僕は「なにそれ。やりたくないってなんだよ」となり、妹の部屋に行くのだ。そして妹に「お前も棚作るのやれよ！」と怒りながら言うと、妹は顔も見ずに「なんで？　やりたくないもん」と言う。それに対して僕は「は？　やりたくないって理由でやらないってなんなんだよ。やれよ」「お前がやらなかったら俺に回ってくるのわかってんだろ⁉」とまくし立てるが、妹も言い返し、そこからきょうだい喧嘩が始まってしまうのである。

喧嘩の末に妹が泣き出し、棚を作れる状態ではなくなった妹は部屋にこもってしまう。するとそのタイミングで部屋から出てきた何も知らない父親が、部屋にこもって泣いている妹に気が付く。ガチャッと部屋のドアを開けて「どうしたんだ？」と聞くと、その瞬間、妹はその日一番の大声で「お父さんのせいでしょ！！！」と怒鳴りつけるのだ。そして喧嘩と妹の怒号を聞いた母親が「はぁーっ……」とまた深いため息をつくという地獄絵図が完成するのである。

こうして家に組み立て式の棚が来ることによって、家庭が崩壊に追い込まれてしまう。棚とは爆弾だ。一つの家庭をバラバラにしてしまう可能性を秘めている。

小さなズレや綻びが、また新たなズレや綻びを生む。そして、今日もどこかで組み立て式の棚が家庭崩壊のきっかけを作っているのかもしれないと考えると、僕は棚とはなんと恐ろしいものかと思うのである。

仕方なく会った昔の同級生にイラつかされる

僕は人が集まるようなパーティや飲み会が苦手である。中でも、誘われてもなるべく行かないようにしているものがある。同窓会だ。

僕の地元は埼玉県なので、上京した同級生も1時間も電車に乗れば地元に帰れるからか、同窓会が年1回ぐらいの頻度で行われている。一般的な同窓会の開催頻度はわからないが、僕はそれがハイペースだと思っている。

僕がなぜ同窓会が苦手か。理由はいくつかある。

まず、同級生同士で集まった時の話題が毎回一緒なのだ。同窓会の序盤は自分と久しぶりに会った友達との現状報告。それが終われば「〇〇と××が付き合ってたよな

ー」「あの時の〇〇のあれ、面白かったー」「久々に〇〇のあれ見たいわ！」といった毎回同じ、学生時代の話だ。仮に5年に1回の頻度で集まっていても、このメニューは変わらない。それを1年に1回やっていたらなおさら。

学生時代のお調子者がはしゃいで周りの男達が騒ぎ、それを見た同級生の女達は「またあいつ、馬鹿やってー」などと笑う。これを年に1回やられてみたらどうか。さすがにもういい、という気持ちになるだろう。

しかし、同級生達は毎回同じ話をしていても、毎回同じところで笑っているので、僕はこれが非常に怖い。1年に1回同窓会を開き、学生時代の話をして、全員その楽しかった日々に帰ったかのように笑い合う。僕にはそれが『学生時代は楽しかった』という記憶を植え付けられ、大人になってもその記憶に縛り付けられている呪いのように見えるのだ。

もうひとつの苦手な理由は、主催者だ。30歳を過ぎたくらいで、人を集めて同窓会をやろうと思う訳は大体想像がつく。同級生に自分の現状を聞かれて、答えたいのだ。自慢したいのだ。

大体、自分の仕事や私生活が上手くいっている人間が同窓会を開催したがる。仕事や私生活が上手くいっていない人間が同窓会を主催しているのを僕は見たことがない。

僕はそんな主催者の思惑が嫌いだ。自分で同窓会を開いて、今どんな生活をしているかとか、どんな仕事をしているかを自信満々に答えている主催者を見ていると、こっちまで恥ずかしくなる。

しかし僕が思うのは、本当に仕事と私生活に満足している人間は同窓会など開かないということだ。端から見て私生活と仕事が上手くいっていても、どこか楽しくないとか、満足していないとか、もっと人に認められたい人間が、学生時代の楽しさのピークを更新できていないからか、同級生より上に立ったことを確認したいという理由で同窓会を開くのだ。なので、楽しさのピークを更新していて、今を楽しんでいる人間は同窓会など求めていない。

あと、こうやって同窓会を否定した時に「でも久々に昔の友達に会えるの嬉しいじゃん」などと言われることがあるが、会いたい友達なら同窓会などなくても会っているし、同窓会がないと会わない程度の友達だから〝昔の友達〟なのだろうと思う。

先日、僕が唯一、今も連絡を取っている中学の同級生の女の子から電話がかかってきた。その子とは、その子が歯科助手をやっている歯医者に通っていた関係で連絡を取っていたのだ。

電話に出てみると、向こうはざわついた様子。「同窓会来ないのー？」と大きめの声でその子が言う。知らなかったが、どうやらその日は地元で中学の同窓会があったらしい。同窓会に誘われても行かないことが続いたので、もはや僕は誘われもしなくなっていたようだ。

夕方6時くらいに電話がかかってきたが、その後仕事があったので断ると、「何時に終わるの？　一緒に飲みたいって言ってる奴がいるんだけど」と聞いてきた。僕は「夜中12時過ぎると思うなぁ。もしかしたらもっと遅いかも」と、相手にわかるように行きたくない感じを最大限に出しつつ答えた。すると「わかった！　とりあえず都内でそいつと飲んでるから、終わったら連絡して」と食い下がってきたので、逃げきれなくなって止むを得ず了承した。

しかし、その女の子は僕の性格をわかっているので、普段はそんなにしつこく連絡はしてこない。どうやら今回はもう1人からしつこく誘うように言われているように感じた。

夜12時過ぎに仕事が終わり、携帯電話を見るとその子からの着信が何件かあった。面倒ではあったが、折り返し電話をすると「今、都内のバーで2人で飲んでるから来てー」とのことだった。どこかで「もう遅いから解散しちゃった！　また今度ー」という結末を望んでいたが、思うようにはならなかった。

タクシーに乗り、言われた住所の店に着くと、夜中までやっているひっそりとした少し高級感のあるバーだった。中に他の客はおらず、テーブル席に同級生2人が座っていた。手前に座っていたのが歯科助手の女の子、そして奥に座っていた男が僕を見つけ「お、天才来た！　天才ー！」と言った。適当に言われる〝天才〟ほど気持ちの悪いものはない。

その男とは、中学時代一緒のクラスになったことはなく、2人で遊んだこともないが、多人数でいる時にはなんとなくいるという絶妙な距離感の同級生だった。〝天才〟と言われたことは面倒なので一旦置いておいて「おう、久々」と挨拶した。そいつは「天才と飲みたかったんだよー」と続けた。

女の子の方を見ると顔をしかめて「ごめんね！」といった表情。ここで即刻帰っても、長年会っていなかった同級生に嫌われるだけなのでなんともないが、様子を見るためにその店で1杯だけ飲むことにした。

飲み物を注文し、なぜ僕とお酒を飲みたかったかをそいつに聞いた。すると「いやー、頑張ってるのかなと思ってさー？」という答えが返ってきた。

『頑張ってるのかなと思ってさー？』というのは、久々に会った後輩や部下といった目下の者への言葉ではないだろうか。そして、みんな各々自分の場所で頑張っている。他人がとやかく言うことではない。他業種の人間に「お前、頑張ってるの？」と聞くことが、どれだけ失礼かを理解していないのだと思った。

とりあえず呆れ気味に「まぁまぁだよ」と答えた。何の仕事をしているのか聞いてみると、「ビットコインとか、仮想通貨系の仕事。仮想通貨でまぁまぁ儲けててさー」と早くも自慢話が始まる。

僕が興味なさそうに「へぇ、あそう」と言うと、さすがに会ってからずっと気の抜けた相槌を打っていたことに気付いたのか、そいつは「俺もそっち界隈では岩井くらいは有名だからな！」と切り札を出すかのように言った。

僕は「そうなんだ」と返した。しかし、つい少し笑ってしまっていたらしい。そいつが「あ、バカにした？」と怪訝そうな表情で言う。僕は「いや、わるいわるい」と謝った。

自分と相手のどっちが有名かを競ったり、自分がどれだけ有名かを相手に説明することは、不良や暴走族までで終わっていると思っていた。その価値観を持っている大人がいることに、僕は単純に驚いたのだ。

少し不穏な空気になったことに女の子が気付いたのか、「ほら、今日の写真見せてあげるよ」と言って、携帯電話で写真を見せてきた。何人もの同級生の写真を見る中で、中学の時に仲が良かった部活の友達の写真が出てきた。

「こいつも全然会ってないなぁ、何やってるんだろう」と僕がつぶやくと、女の子は「元気だったよ。今はビルの警備員やってるらしい」と答えた。仲が良かった友達も元気でやっていると聞いて、僕は少しだけ嬉しかった。

すると、その男がグラスの酒を飲みながら「っていうかさ、30過ぎて警備員ってどうなの？」と吐き捨てるように言った。警備員も立派な仕事だ。友達が今、警備員の仕事をやっている。何が悪いのだ。僕は同級生のその友達が下に見られ、バカにされたような気がして許せなかった。

僕は会ってから30分も経たないうちに、今日のこいつの考えが大体想像できた。

こいつは今、仕事も私生活も上手くいき、人に羨まれるくらいになった。同窓会に行けば、同級生に持てはやされ、羨まれると思っていたものの、恐らく同級生からは、口を開けば『ハライチ』という名前が出たのだろう。

少しでも主役になれると思って臨んだ同窓会で、想像通りの快感を得られなかったことに憤りを覚え、唯一僕と仲のいい同級生の女の子に僕を呼び出させた。そして現状を僕に話し、自分の価値を認めさせたかったのだ。

こいつは収入で人の価値が決まると思っている。しかしその価値観が全てだと思っていた場合、自分より収入が多い同級生から「お前、頑張ってんの?」と言われた時に、ぐうの音も出なくなることをわかっていない様子だった。

やはりこういう思惑が渦巻いている同窓会には、行かなくて正解だったと思った。

僕は、僕が来るまで何杯か酒を飲んで酔っ払っていたそいつにさらに酒を勧め、バーのソファーでそいつが寝た後、3人分の会計を全て支払い、バーを後にした。

その同級生の男とはもう一緒に飲むことはないだろう。帰り道、僕はそう思った。

恐怖に怯えたタクシー運転手の怪談話

目に見えないものをあまり信じていない。超常現象やオーラや占い、ましてや幽霊の類などはまず信じない。僕の家は墓場の真横にあるが、それで何かを感じたりしたことはないし、怖いと思ったことも一度もない。

しかし、僕は怪談というものはかなり好きである。実際に自分が霊体験をしたことがなくても、その人の話が上手いと思わずゾッとしてしまうからだ。墓場の横の家で、夜中、墓場の方を見ながら動画サイトなどで怪談を聴いていると、そこそこ怖い思いをすることができる。まるで〝怖い〟という感情がわからない悲しき怪物のような行いではあるが、一人暮らしの暇な夜は怪談を聴きながら寝るのが割と好きで、快眠音楽とは真逆だが、それでぐっすり眠れることもある。

ある日、インターネットで怖い話を検索していると、東京都内に『怪談バー』なる飲み屋があるという情報が出てきた。どうやらお酒を飲みながら怪談を聞けるバーらしい。怪談好きな僕は、翌週、早速友達を2人連れてその店に行ってみることにした。

怪談バーは割と都内の中心地にあったので行きやすく、調べた住所に到着すると、そこにあるのは古びた雑居ビルだった。怪談バーはそのビルの地下1階の一画にある。入り口の外観からして真っ黒で、怪しげな雰囲気を放っていた。店に入ると、中はお化け屋敷のような内装で、カウンターといくつかのテーブル席があり、店の一番奥の小さなステージに椅子が1つ置いてある。期待して良さそうだ。

僕らはテーブル席に座り、各々お酒を頼んだ。注文を取りに来た店員にこの店のことを聞くと、どうやら1時間に1回、「怪談師」と言われる人がステージで20分程度の怪談を話すらしい。なので僕らは次の公演までお酒を飲みながら待つことにした。

程なくして、店内のBGMがゆっくりと小さくなり、明かりも徐々に絞られ、ついには真っ暗になった。するとステージの椅子にぼんやりとスポットライトが当たり、そこにゆっくりとした歩みで怪談師がやってきた。小柄な男性で、衣装なのか学ランを着ている。店内の雰囲気や、明かりの演出も手伝って、いい感じにゾワゾワする。

「常連の方も、初めての方もありがとうございます……」と怪談師が挨拶と自己紹介をし、「それでは一つ怪談を話させてもらいます」と言い、いよいよ怪談が始まるのである。「これは、私の友人が実際に体験した話なんですが……」と語り始めるが、怪談師というだけあって話し方や、怖がらせ方がかなり上手い。途中途中の怪談の盛り上がり所では、他の席から悲鳴が聞こえてくる。そして20分程話した後「……という、友人が体験した夏の夜のお話でした」と締めくくった。正直、幽霊を信じていない僕でも恐怖体験を上手く話されると、かなり怖かった。

怪談師の話が気に入った僕らはそこから3時間程その店で飲み、3回の公演を聞いたが、どれも相当よくできた話で、3回目ともなると全員お酒も回り、恐怖に震えることが楽しくなって、さらに恐怖を求めるという一種の怪談中毒のようなものを起こしていた。しかし時間も遅くなっていたので、その日はもう帰ることにした。

会計をして店を出て、道でタクシーを拾い、全員乗り込んだ。行き先を伝え、タクシーがしばらく走ると、運転手の50代くらいのおじさんが「飲みに行ってたんですか?」と僕らに話しかけてきた。「そうなんですよ」と友達が答えると、運転手はさらに「さっき乗せた若い女の子2人組も飲んでたって言っててね、この後もう一軒飲みに行くって言ってましたよ～」と言った。一体なんの話なんだという気持ちはあったが、割としっかり相槌を打っていると、運転手は上機嫌になったのか、「この間なんかね、女優の新垣結衣を乗せちゃいましたよ〜。やっぱり可愛かったなぁ。一般の女性とは大違いでね」と乗せた芸能人のことをベラベラ喋り始めた。僕も一応、芸能活動をしているので、乗せたことをそこまでベラベラ喋られると多少の嫌悪感がある。

しかし運転手は「でも芸能人っていうよりは、芸人を乗せたことの方が多いかな」と続ける。「前にモノマネ芸人さん乗せたときはね、何か質問すると全部モノマネで返してくれて楽しかったですよ〜」「千原ジュニアさん乗せた時は、細かくちゃんと道を教えてくれて、降りる時も、ありがとう！　なんて言ってくれていい人だったなぁ」などと止まらない。すると運転手は「あ、でも一人だけ嫌な奴いたなぁ。名前なんでしたっけ……えーっと……あ、思い出した！」と言った時に、僕の背中に突然悪寒のようなものが走った。そして運転手が言った。

「そうそう、あいつだ。えーっと、ハライチの……渡部？　あの、デブの方」

車内は一瞬で凍りついた。僕は言葉を失い、友達もどう反応していいかわからない空気だった。僕は運転手の真後ろに座っていたので、彼から顔は見えていない。運転手の話に突然相方が登場したのだ。しかも最悪の登場である。僕は恐怖に震えた。

それでも、何も知らない運転手は続ける。「あいつはね、乗るや否やぶっきらぼうに行き先を言うと、イヤホンで音楽聴き出しちゃったんですよ。目的地までなんて、いくつかルートあるのに訊けやしない」「乗った時から態度も悪かったですからね。テレビで明るい芸能人ほど裏じゃわかりませんよ〜。ハライチの渡部?でしたっけね」

プライベートの相方の姿に怯える僕。気まずそうに運転手の話を聞く友達2人。そして運転手は「料金払う時も札を投げるように置いていってね。あんな奴は芸人続きませんよ!」と話に熱が入る。散々な言われようだ。しかし、そのあたりでタクシーが目的地に着いた。20分程度ではあったが、着いた時には背中にじっとりとした汗をかいていた。数十分前に怪談師の怪談を何本も聞いていたが、帰りのタクシーの中で、僕はその日一番の怪談を聞いたのだった。

僕は、そんな恐怖体験をさせてくれた運転手に降り際、「すいません。その芸人ってハライチの渡部じゃなくて、ハライチの澤部じゃないですか?」と尋ねた。すると運転手は「あ、そうだそうだ!　渡部じゃなくて澤部だった!」と気付き、「ありがとうございます。お客さん、お笑い芸人とか詳しいんですねぇ」と言ったので、僕は一呼吸置いた後、「えぇ……だって、そのハライチの澤部って……僕の相方ですから」

とゆっくり答えた。それから運転手の顔を見る。その時の恐怖におののいた彼の顔を僕は忘れない。良質な怪談を聞かせてくれた運転手へ、僕から恐怖のお返しである。

そして僕は家に帰り、ぐっすりと眠るのだった。

空虚な誕生日パーティ会場に〝魚雷〟を落とす

ある日、僕の携帯電話に1通のメールがきた。

「○月×日、私の誕生日カウントダウンパーティをやります！　岩井さん良かったら来てくださいーー！」

知り合いの女の子からの誘いだった。その女の子と最後に連絡をとったのは何年も前になる。しかもその子とは遊んだこともないのだ。謎の誘いに僕は戸惑った。

僕は人が沢山集まるようなパーティや飲み会が苦手だ。社交性がないという訳ではない。見ず知らずの人間達が集まっているにも拘わらず、さも楽しそうにしていないと「感じが悪い」だの「空気が読めない」だのと言われかねない雰囲気が好きではな

いのだ。それと、そこで会った相手に対して、この人はどんな思惑を持ってこのパーティに来ているんだろう、と考えてしまうのが非常に疲れる。

僕がそういう考えを持っているというのは、自分を客観的に見ればイメージ通りだと思う。周りが僕に抱いているイメージは、恐らく「パーティとか嫌いそう」で間違いはないだろう。しかも誕生日会を盛り上げるタイプにも見えていなそうだ。その僕をパーティに誘う理由がわからない。しかも自分の誕生日パーティに。

自分の誕生日パーティに自ら人を誘うというのはすごい。お祝いというのは基本的に、祝う側に「祝いたい」という気持ちがあって成立するものだ。自分の誕生日パーティに人を誘うというのは、周りに「祝いたい」という気持ちがあるかどうかを無視している。気持ちがあろうがなかろうが、とにかく強制的に祝わせるのだ。「祝いたい」という気持ちがないかもしれない人に強制的に祝わせて、嬉しいと思える。それがすごい。

僕を誕生日パーティに誘う理由で考えられるのは、岩井という名前だけ見て「いかにも祝ってくれそう」と思ったか、もしくは誘いに乗ってノコノコ行った僕を、普段から仲の良い友達と「こいつホントに来てやがるよ！　なに本気にしてんだよ！」と笑い者にするかだ。それはクラスで一番可愛い女の子がヤンキーグループと一緒になって、クラスの冴えない男子生徒に告白するというドッキリのような、悪質な遊びである。

この誘いがそうであったらと考えると非常に腹立たしく思えてきた。僕にはそこで『断る』という選択肢もあったが、受けて立とう、という気持ちが逆に芽生え、『行く』と返事を出したのだ。

その時、当日は友達や後輩を連れて行こうか、という考えも一瞬頭をよぎった。だが、このパーティに行くのに僕の友達や後輩を連れて行ってしまっては、真っ向から受けて立つことにならない。僕は単身乗り込むことにした。


「祝いたい」という気持ちがないまま行くのだが、それでも礼儀として誕生日プレゼントは用意しなくてはならない。僕は色々考えた末、100円の色紙と1500円の色紙サイズの額縁を買ってきた。そして高校の頃、美術を専攻していた腕前で、色紙に油絵の具で雰囲気のある魚の絵を描き、額縁に入れ、これを誕生日プレゼントとした。

誕生日に、あまり仲良くもなく、画家でもない知り合いが描いた奇妙な魚の絵をもらう。その場は謎の重たい空気に包まれるだろう。しかし、自らこのパーティに招待した知り合いからのプレゼントだ。相手は無理矢理にでも喜んでいる態度を見せるしかない。誕生日パーティにひとときでもそんな不穏な時間を作り出せたなら僕の勝利だ。ただでは死なない。一太刀浴びせるための魚の絵。さながら魚雷である。

当日、僕は紙袋に入れた魚雷を持ち、会場に向かった。パーティは六本木のバーを借り切って行われるらしい。土地も店も想像通りである。パーティ自体は夜9時から行われているが、カウントダウンパーティなのでメインは12時だと思い、到着を11時ごろに合わせて家を出た。

店に到着し、黒光りした外壁の、遊び人の巣窟のようなバーの『本日貸切』という札が貼られた扉を開け、中に入った。20畳ほどのそこまで大きくない店ではあったが、店内には大勢の人がいた。暗めの店内、絵に描いたようなチャラい男女、爆音で流れる重低音のきいたクラブミュージック、ワニ革のような模様のソファー、スクリーンに延々流れるスノボーの映像、シャンパンの開く音、「イエーイ！」という無意味な言葉。余すところなく想像通りである。

チャラい男女がパーティを楽しみながらも僕に対して時おり向ける「誰の知り合いだろう？」という視線が絡みつく。僕は視線をくぐり抜け、バーカウンターに行ってハイボールを注文した。すると人ごみの奥から今日の主役の女の子が、誰が見てもすぐに主役とわかるような真っ赤なパーティドレスで現れた。「来てくれたんだー」とその子が僕に話しかけると、僕をチラチラ見ていた男女達も「主役の知り合いか」といった様子で僕から視線を逸らした。とんだレジスタンス扱いである。今日の主役は僕と一言二言交わすと元いた友達の所へ戻っていった。主役しか知り合いのいない僕はバーカウンターでちびちびとお酒を飲みながら、誰にも話しかけられることなく12時を待った。

そして12時前になった。ループで流れるスノボーの映像を楽しんでいるフリで1時間近くを過ごした僕は、日付が変わる瞬間を待つ。12時になり店内BGMが切り替わって、知らないバースデーソングが流れた。定番の『ハッピーバースデートゥーユー』でもスティービー・ワンダーの『Happy Birthday』でもない。それと同時に大きい誕生日ケーキが主役の女の子の元に運ばれてきた。女の子がろうそくを吹き消すと、とりあえずの「おめでとー!」という歓声が上がり、全員貼り付けたような笑顔で拍手をした。

その後はいよいよプレゼントを渡す時間である。各々が、化粧品、ボディークリーム、ピアスという定番のプレゼントをあげている中、紙袋に入った魚雷を持って僕はゆっくりと主役に近付いていった。そしてついに僕の番になる。僕は「おめでとう」と言いながら主役の女の子に紙袋を渡した。その子は「ありがとー！　なんだろー？」と一応の興奮を演出しつつ紙袋を受け取り、中に入った布に包まれたものを手に取った。

布を広げていくと額に入った謎の魚の絵が現れる。プレゼントを見た周りの男女が少しずつざわつき出す。主役の女の子は一瞬言葉を失った様子だったが、それを悟られまいと間髪いれずに「あ、すごーい。絵だー」と絞り出すように言った。それに続くように周りの男女が口々に「あー、いいなー」「かわいいねー」などと心にもない感想を述べ出す。正直良くも可愛くもないだろう。僕もこの絵を何とも思っていないのだ。

不穏な空気の中、主役の女の子が「これ誰の絵ー？」と聞いてきた。僕は少しだけ間を空けて言った。

「俺が描いたんだよ」

その場は一瞬で凍りついた。誰もがリアクションを取れず、絶句していた。そして喋り出すきっかけを誰も見つけられず、沈黙は続いた。

これこそ僕が作り出したかった空気。普通の誕生日パーティで流れることのない時間。空白のプレゼントである。僕は心の中で歓喜した。

そんな沈黙の中、僕は持っていたグラスの中のハイボールを一気に飲み干し、テーブルにコツンッと置いて「誕生日おめでとう」と言い、振り返ってカウンターに置いてあった荷物を取りに行った。

魚雷大爆発。無音という爆発音を背中で聞きながら、僕は店を後にした。

VIPも楽ではない

「お客様、失礼ですが、何の仕事をされているんですか？」

タクシーの運転手は唐突に僕にそんなことを聞いてきた。

テレビ番組の収録が終わって、タクシーチケットというタクシーの乗車賃を番組が払ってくれる魔法のチケットをもらい、番組スタッフが呼んでくれたタクシーに乗って帰宅している途中のことだ。僕は意図がわからないその質問に違和感と多少の恐怖を感じ、「何でですか？」と聞き返した。すると運転手は「いえ、久しぶりに私、VIP《ブイアイピー》の予約を受けたもんですから」と答えた。

VIPとは何か、運転手に聞くと、「VIPの予約を受けたお客様は、より厳重に

お送りしなければならないという特命のことなんですけど」と言う。厳重に……タクシーを呼んでくれたのはよく出演する番組のスタッフだ。今まで一度もそんな扱いを受けたことはない。何の手違いかわからないが、その日はＶＩＰのタクシーで厳重に家まで送ってもらえるらしい。

「ＶＩＰの予約を受けるお客様ですと、政治家の方や企業の社長さんが多いんですけど。お客様は何をされている方なのか気になりまして」と運転手は続ける。ＶＩＰの予約を受けているんだったら余計な詮索はしないほうがいいんじゃないのか、と思いつつも、僕は「あのー……一応、お笑い芸人をやっているんですけど」と申し訳ない気持ちを抱えつつ答えた。

するとと運転手は「あ、芸人さんでしたか！　いやー、芸人さんも大変ですよねー遅くまで仕事して！」と僕に言った。

明らかに口調と声のトーンが軽くなってないか？　芸人と聞いた途端、少し厳重じゃなくなってるじゃねーか、と僕はその時思った。

しかしＶＩＰの予約を受けているからか、運転はかなり丁寧で、ブレーキの掛け方や曲がり方など、後部座席に乗っている僕にもまるでストレスがない。よく見ると車の内装もタクシーと思えないほど綺麗で、シートは革張り、ドアの内側は高級感のある木目調だ。どうやらタクシー自体もＶＩＰ仕様のタクシーらしい。

そんなラグジュアリーなタクシーに乗っていると、僕もつかの間のＶＩＰ気分になる。いつもは見ない窓の外を見て、普通のタクシーを見つけては鼻で笑ってしまう。東京タワーや東京の町並みを見て、俺もついにここまで上り詰めたか、などと何の意味もなく悦に入るのであった。

そうこうしている間にタクシーが自宅の近くまで来た。さて、困った。僕の家はどう見ても政治家や社長の住んでいるような家ではないのだ。

運転手にＶＩＰらしからぬ家に住んでいるとバレてはいけない。僕は自宅近くの高級マンションの前で「あ、ここです」と言い、偽の家の前で降ろしてもらった後、高級マンションのエントランスに入るフリをして隠れ、タクシーが去るのを待った。

しかし、運転手がタクシーの中で何か作業をしているのか、5分経っても10分経ってもタクシーは去ろうとしない。僕は知らないマンションのエントランスの前で数十分の謎の時間を過ごした。その後タクシーは去り、歩いて家まで帰った。

だがＶＩＰのタクシーに乗り、丁寧な運転で送ってもらうと、家に帰ってからもＶＩＰの気分は抜けない。

いつもはコンビニやスーパーに夕飯を買いに行くのだが、今日はＶＩＰだ。そんな質素な飯など食べてはいられない。ＶＩＰは出前だ出前！と思い、インターネットで出前を検索する。そして美味そうな釜飯の店を見つけた。ＶＩＰは釜飯だ！　そうだ、ここはＶＩＰ専用の釜飯屋に違いない。そう思いながら、メニューを見て釜飯を選ぶ。しかし、まさかＶＩＰが鶏五目やそぼろといった安い釜飯を食べてなどいられるものか。一番値段の高い、いくらと鮭の釜飯を発見し、いくらと鮭の釜飯こそＶＩＰに相応しいではないか！と確信し、釜飯屋に電話する。すると電話に出た釜飯屋の店員が「すいません。お客様の頼まれた釜飯が１５００円なんですけど、出前は合計１７００円以上でしかお受けできないんですよ」と言った。

は？　ふざけんなよ！　ＶＩＰだぞこっちは！　１５００円で頼ませろ！と思いながらも、仕方なく３５０円の茶碗蒸しを追加で頼んで注文したが、ＶＩＰに余計な出費をさせるんじゃねぇ！と喉元まで出かかった。

夕飯時なこともあって、釜飯が来るまでに1時間近くかかるらしい。ＶＩＰを優先しろよ、とも思ったが、その時間で風呂に入ることにした。

お湯を張って風呂場に向かう。だが、向かう途中で服は脱ぎ捨てる。ＶＩＰは脱いだ服など片付けないのだ。そして風呂に入る。さらにその日は、ＶＩＰだからと、豪華に洗面所の下の棚に入れておいたバブを入れてしまうのだ。しかも一番好きな柚子の香りである。

しばらく湯船に浸かり、風呂を出てＶＩＰドライヤーで髪を乾かした後、ベルが鳴り、ＶＩＰ専用の釜飯が家に到着した。釜飯と茶碗蒸しを一旦テーブルに置いたが、ＶＩＰには釜飯と茶碗蒸しだけでは物足りない気がして、冷蔵庫の上に置いておいたスパムを取り出した。

特別な日に食べようと思っていたやつである。缶から出してフライパンで焼き、釜飯、茶碗蒸し、スパムというＶＩＰ三点セットを完成させた。そしてさらに、地方での仕事の時にもらった地酒が家にあったので、普段家で酒は飲まないが、今日はＶＩＰだからと酒を飲みながらＶＩＰ三昧をしたのである。

しかし普段酒をそんなに飲まないからか、その日はベロベロに酔っ払ってしまい、リビングで大の字になり爆睡してしまったのだった。

次の日の朝起きると、起きた瞬間からズキッと酷い頭痛がした。完全に二日酔いである。

そして気付けば、リビングでは昨日食べた釜飯や茶碗蒸しの器や皿などが散乱し、コップが倒れ酒が床にこぼれていた。キッチンも荒れていて、脱衣所の前には服が脱ぎ捨ててあった。

そんな荒れ果てた家の中を見て、そうか、俺のＶＩＰの時間は終わったんだ、と悟った。

そして僕はカーテンを開け、日の光によってさらに重くなる頭痛を抱えて部屋の掃除をしながら、あぁ、ＶＩＰも大変なんだな、と思うのであった。

親戚の葬儀での面倒くささから救ってくれた父の一言

父方のおじいちゃんの兄が亡くなった。とはいえ、享年92なので大往生だったのだが、そのお通夜に行った時のこと。おじいちゃんの兄とは数えるほどしか会ったことはなかったが、3年前に父方のおばあちゃんが亡くなった時の葬式に僕は仕事で行けなかったため、葬式でうちの両親が親戚達から「岩井家の長男は来ないのか？」とチクチク言われたらしいのだ。それを母親から重めのトーンで聞かされた記憶があったので、今回はどうにか出席することにした。

僕は今まで親戚が大勢集まるような場に出たことがあまりなかった。だが、親戚というのはとにかく面倒くさいことがわかった。

まず埼玉の実家へ行き、母親の車で両親とお通夜の会場まで行く。そして受付で香典を渡し、式が始まるまでの間、親戚が集まる控え室に通された。そこに20人くらいの親戚達がいたのだが、親戚というだけで知らない人ばかりだ。おじいちゃんの兄という少し離れた人の親戚ともなれば、顔すら見たことのない人も沢山いる。

すると、控え室に入ったと同時に、70歳くらいの知らないおじさんが僕の顔を見るなり「おー！　有名人来た！　有名人！」と話しかけてきた。〝親戚〟というイメージに漏れず、こういう面倒くさそうなタイプの親戚はいるものだ。

知らないおじさんは「ほら！　こっちきて座んなよー！」と続ける。絶対近くの席には座りたくないと思ったが、控え室にいる全員に聞こえるくらいの声量で僕に話しかけてきたので、離れた席に座ろうものなら「あ、なんか嫌だったんだな」と他の親戚達に思われてしまう。普段だったら「そっち座りたくないよ。だって面倒くさそうだもん！」くらいズバッと言うかもしれないが、両親の手前、その知らないおじさんを雑に扱えもしない。僕はやむを得ず、その知らないおじさんの近くの席に座ることにした。

座るやいなや、知らないおじさんは「テレビ見てるよ！　みんな応援してるんだよ

〜？　良かったよ、親戚から有名人が出て！」と僕に言った。僕は「いやいや、ありがとうございます」と返しつつ、俺がテレビに出られたことに、おじさんが何かを手伝ったことがあったか？と思った。

大概この手の親戚というのは、僕が売れてなかったら「あそこの息子はちゃんと働きもせず何してるんだ？」だの「いい歳なんだし、他の仕事探したほうがいいんじゃないのか？」だのと親戚同士で話のネタにするくせに、いざテレビに出だすと応援しているなどと言い出す。ずっと応援していた人がテレビに出始めた訳ではなく、テレビに出たから応援しているのだ。

挙げ句の果てに「見たよ！　アイドルの嵐とスポーツで対決する番組！」と、6年くらい前の番組を挙げる。出ているテレビ番組すら全然追っていないようだ。偶然、テレビに出ていたら見る程度なのだろう。

そしてとどめは「でも俺思うんだけどな、勇気君はテレビ出る時もうちょっと明るくやった方がいいと思うんだよ。芸人なんだから、パーッとさぁ！」とアドバイスをしてきたのである。こういう、ろくに応援していない人間ほどアドバイスしてくるものだ。そして十中八九「明るくやったほうがいい」と言ってくる。僕がそのアドバイスを鵜呑みにして、明るくやって個性が死んで食いっぱぐれたら責任を取ってくれるんだろうか？　取ってはくれないだろう。よく分からないのに軽率にアドバイスなどするものではない。

　恐らくこのおじさんは、もし僕がサラリーマンだったら仕事に口など出さないだろう。僕が芸人だから口出しするのである。世の中の雰囲気で、芸人など下に見ていい職業なのだという潜在意識があるのだ。近年の、芸人がいじられたり、卑下されたりする職業だという雰囲気は、芸人自身が作り出したいわゆる〝ノリ〟である。〝ノリ〟だということを理解してそうするならいいが、意識の中で本気でそう思ってしまっている部分がある人間は非常に浅はかであり、大衆の意識に飲み込まれた阿呆だ。

　知らないおじさんと話していると、その席にいたおばさんが割って入ってきた。おばさんは「うちの娘が勇気君と話したいって言うんですよ」と僕に話しかけ、「ね？」と言いながら隣に座っている20歳くらいの女の子の方を見た。娘であろうその子は、母親に向かって小声で「いいよ！　やめてよ！」といった様子。するとそれを聞いたさっきの知らないおじさんが「そうだ！　勇気君！　あの子の隣に座って2人で話してあげてよ」と言い出した。

　正直かなり面倒くさい。会ったこともない、よく知らない人の娘と何故2人で話さなければならないのだ。実際、隣に座ったら話すこともないので気まずくなって終わるだけである。むしろ娘も可哀想だろう。「まぁまぁ……」と適当にあしらっていると、そのおばさんが今度は「近々是非うちにも遊びに来てくださいよ」と言った。全く意味がわからない。よく知らない人の家に何故遊びに行かなければならないのだ。そもそも遊びに行くとはなんだ。家に行って何か楽しいことでもあるのだろうか。どうせ気を使いながら飯でも食べて帰るのが関の山だろう。僕にとって全く楽しくはない。あと、よく知らない人の家の料理を食べるのもなんか嫌だ。

するとさらに知らないおじさんがその娘を指差し、少し強めのトーンで「この子も芸能界にちょっと興味があるみたいでさ、どうにかしてやってくれねぇかな？」と言った。僕は、知らねーよ‼と心の中で叫んだ。そして知らないおじさんがまた「ほら、あの子の隣に座ってやってよ」と勧めてくるループ。

しかし、その一連のやりとりを別の席で見ていた僕の母親がこちらの席に来て「そんなね、2人で話すってなるとお見合いみたいになっちゃうもんね」と言った。僕もうっすらそう思っていたが、言葉に出すだけで気持ちが悪いので言わなかったのである。それを母親が来て最悪のタイミングで言い放った。もはや何がなんだか、混沌としていた。

そんな会話をしているうちにお通夜の時間となり、親戚一同、待合室という混沌の異空間から移動することとなった。お通夜は滞りなく行われ、僕もおじいちゃんの兄のとの数少ない出来事を思い出しながら拝んでいた。

お通夜の後、食事をする部屋に移動すると、親戚だけではなくおじいちゃんの兄の知人まで沢山の人が集まっていた。すると知人グループにいた、よぼよぼの爺さんが僕の所に歩いてきて「あのよ、あっちのテーブルで一緒に写真撮ってくれねぇか？」と話しかけた。親族でもないので、お通夜に来てもらっている義理もあり、「いいよ」と答えた。

しかし、今度はおじいちゃんの兄の60代くらいの娘が僕の後ろに来て、僕だけに聞こえるくらいの小声で「こういう席だし、写真はちょっとね……」と呟いた。だが、よぼよぼの爺さんは「ほら、テーブルの方でさ、みんなと写真撮ってくれよ。1枚でいいんだよ」と止まらない。すると、おじいちゃんの兄の娘が「勇気君、一応お通夜だからね。あんまり撮影会みたいになるのは……」と僕の背中に呟く。

じゃーお前が言えよ!!と僕は思った。そもそも、この娘は僕よりおじいちゃんの兄に近い親戚なのだ。娘など、言わばお通夜の主催者。呼んだ知人への始末は僕よりこの娘がつけるのが道理だろう。しかも、ここで僕が写真を断れば「芸能人がお高く止

まって」などと言われかねない。どっちにしてもマイナスしかない板挟みにあってい
た。

だが、仕方なくよぼよぼの爺さんの方に「なんか写真ダメっぽいわ。ごめんね」と断った。よぼよぼの爺さんは「なんだよ……」と案の定、怪訝な顔をする。よぼよぼの年寄りの怪訝そうな顔を見るのはなんとも苦々しい。

しかし、それでも「じゃー握手だけ。握手」と折れなかった。おじいちゃんの兄の娘も「まぁ握手なら……」と言ったので、その場を収めるために握手をした。すると親戚やら知人やらが、俺も、私も、と次々に握手を求めてきた。とりあえず一通り握手をしていると、どさくさに紛れて「だったら私も……」と、さっきのおじいちゃんの兄の娘も握手を求めてきたのだ。あんたは違うんじゃないのか？と僕は心底思った。

そんなことがあり、「もう早めに帰ろう」と僕が両親に告げると、東京の自宅に帰る僕に「じゃーそこの最寄り駅まで車で送ってやる」と父親が言い、父親の運転でお通夜の会場の最寄り駅まで送ってもらうことになった。

駅に向かう途中、父親が助手席に座る僕に「勇気も、なんか大変だったな」と言った。父親もずっと他の親戚の相手をしていたが、なんとなく僕の方も気になっていた

らしい。

僕は「うん」と頷いた。そして父親は、僕とおじいちゃんの兄の娘のやりとりを見ていたらしく、「まぁ、お通夜で写真を撮るのが不謹慎だって言うんなら、握手も一緒だけどな」と皮肉交じりに言うので、僕は「そーだよね!!?」と、その日の全ての不満を吐き出すような声量で激しく同意したのだった。

親戚付き合いというのは面倒くさい。自分との関係性が薄い人ほど面倒くさい。気鬱だった帰りの車の中、僕は一番近しい父親の一言でどこか救われた気がした。

澤部と僕と

僕は芸人コンビ『ハライチ』として14年間活動している。ハライチと言えば、一般的にメディアへの露出が非常に多い僕の相方の澤部佑の方を思い浮かべる人が多いだろう。僕からしてもそれは疑いようもない。しかし、澤部とは幼稚園からの幼馴染なのだが、お笑い芸人を始めてから、僕は自分の相方は何とも不思議な男だということに気付いたのである。

ハライチがテレビに出られるようになったのは、まず2008年にM－1グランプリで準決勝まで勝ち上がったところから始まる。ハライチの代表的な漫才である〝ノリボケ漫才〟という、僕がフレーズを言って澤部がそれに乗っかるスタイルの漫才があるのだが、それを自身の中で確立させたのがこの年だ。準々決勝の会場のルミネtheよしもとで、ネタが終わって楽屋へ戻ると、舞台上を写しているモニターの前に多くの芸人が群がり、「今のめちゃくちゃウケていたコンビは誰だ？」とザワついていたのを見て手応えを感じたのを覚えている。

その年は準決勝止まりだったが、M－1グランプリの予選は多くの番組スタッフが観に来ていたらしく、その後すぐに日テレの『ぐるぐるナインティナイン』の『おもしろ荘』という、若手芸人がネタを披露するコーナーからオファーをもらって出たのが一番最初のテレビ出演である。ネタが終わると、ナインティナインの矢部浩之さんから「まだいい若手いるじゃないですか」という嬉しい言葉をもらい、その後のトークで澤部が結構イジってもらえた。そこからハライチのテレビ出演が増えていったのだが、ある時期から特に澤部個人へのオファーが増えていくのだった。

澤部へのオファーが増えたことによって、一方テレビに出ていない岩井は……というようなネガティブな注目を周りが僕に向けたがる。しかし澤部のテレビ出演が増えるのを見て、僕は「そりゃそうだろう」と思うのだった。今のテレビのバラエティ番組において、ハライチのどちらを使うかと聞かれたら9割が澤部と答えるはずだ。僕が番組を作っていても恐らく澤部を使っている。あの頃の漫才のスタイルから言っても澤部が目立つように作られているし、なんだかんだで明るくて元気に振る舞える人間の方がテレビ向きである。澤部が先にテレビで活躍するのはごく自然な流れなのだ。

なので、僕自身はあまり焦っていなかった。唯一、周りからの「岩井は大丈夫か？」といういかにも嘘っぽい心配が鬱陶しいだけであり、そんな一言をかけてくる奴は大抵、人が焦っている姿や、落胆している様子を見て、「自分は大丈夫だ」と思いたい小さい人間なのだ。売れていない先輩ほどその言葉をかけてくる傾向にあった。


バラエティ番組での立ち振る舞いが極めて上手い澤部なのだが、世間的なイメージは「明るい」「元気」「安心できる見た目」といった陽のイメージだろう。ただ、そういった好感度が高くていつもニコニコした芸能人は、「プライベートは暗いんじゃないか」「本当は嫌な奴なんじゃないか」など、逆に陰のイメージの部分を詮索されがちである。しかし澤部はと思うと、そういう詮索をされているところをほとんど見たことがない。何故かと考えた結果、これは澤部の裏の顔や、プライベートに誰も興味がないんだということに気がついた。

澤部はもの凄く綺麗にラッピングされたプレゼントなのである。皆そのラッピングの綺麗さに感心し、まじまじと見る。しかし、そうしているうちに中身などどうでもよくなってしまい、誰も見ようとはしないのだ。

僕がそう思う理由として、まず澤部には極めてファンが少ない。街で歩いていれば「澤部さーん！　ファンですー」などと声はかけられるだろうが、それは数多くいる好きな芸能人の中の1人であり、「澤部も好き」という人はいるかもしれないが、「澤部が一番好き」という人を聞いたことがない。

同世代の芸人で言ったら、澤部は断トツでテレビに出ている売れっ子芸人だと思う。しかし「澤部さんみたいにたくさんバラエティ番組に出られる芸人になりたい」という意味ではなく、本質的な意味で「澤部さんみたいな芸人になりたい」と言っている後輩を僕は1人も見たことがないのである。

先輩の芸人はよく「澤部は六角形のグラフで言ったら、どこも欠けてない大きく綺麗な六角形だな」と言うのだが、これは褒めているようで褒めていない。裏を返せば、どの分野でも一番ではないということだからだ。ある分野の勝負において、澤部はその分野が得意な芸人には勝てないだろう。しかし全ての種目で勝負が終わった時、総合優勝で表彰されるのは澤部なのだ。総合力という点で、澤部に勝てる芸人を僕は思い浮かばない。

澤部にファンがいなかったり、後輩に憧れられないのは僕が思うに、澤部の返しゃリアクション、バラエティでの立ち振る舞いが全てどこかで見たことがあるものだからなのだ。他の芸人がどこかでやっていそうなことで成り立っている。なので「澤部のここがいい！」と思うと、それがもっと上手い誰かが存在するので、結果その人に憧れたりファンになったりするのである。澤部は誰かがやっていたことを吸収して、自分を通してアウトプットするのがとにかく上手いのだ。

澤部と初めて同じクラスになったのは小学5年生の時だった。お互い、人を笑わせたり、面白いことが好きだったので、すぐに仲良くなった。しかしその頃の澤部は、僕が今、澤部に抱いている印象とは真逆で〝どこか笑いのセンスのある奴〟だった。おおよそ小学生の笑いのとり方ではなく、その頃の僕があまり触れたことがない、一言一言にセンスのある笑いだったのだ。

芸人を始めてハライチのラジオ番組ができた時、僕はとにかく色んな芸人のラジオを聴いてみた。すると深夜ラジオ独特の笑いが、小学生の頃にセンスある言葉を放っていた澤部の笑いと似ていたのだ。そこでわかったのだが、澤部は小学校の頃から深夜ラジオを聴いていたので、その笑いを吸収していた。それをラジオなど聴いていない同級生にアウトプットしていただけだったのだ。

だから芸人になってしばらくは、バラエティ番組で誰かがやっていたようなことをしている澤部を見て、「昔はもっと独特のセンスがあったのにな」と思っていたのだが、色んな深夜ラジオを聴いた後に、「小学生のあの頃も深夜ラジオで吸収した笑いをアウトプットしていたのか」と、腑に落ちたのだった。

ただ、それがわかった時にひとつ思うことがあった。だったら本当の澤部というのはどこにあるんだろうか?ということだ。

そう、澤部には実体がないのだ。例えば、澤部は洋楽が好きで、毎年海外のアーティストが来る音楽フェスにも足を運んでいるほどだ。しかし澤部に洋楽のどこがいいかを聞くと、「かっこいいから」とそれに似た答えしか返ってこない。僕であればバンドのスピッツが好きなので、好きな理由を聞かれた時に「歌詞の言葉の組み合わせが良くて、ボーカルの草野マサムネさんの声が良くて、ライブでの曲の再現度も高くて〜」などと挙げることができる。

つまり、人が〝良い〟と思っていることをそのまま〝良い〟と思っているだけで、澤部自身の意見がまるでない。それは澤部の中にも説明できる理由がないからなのだ。音楽に限らず、全てのことに対して、澤部は価値観を、人の物差しを使って測っているのである。
もの凄く綺麗にラッピングされたプレゼントは、誰も中身を見ようとしないが、実際、中にプレゼントは入っておらず、空洞のみがそこには広がっているのだ。

だが、実は僕はそれも強みなんじゃないかと思っている。例えばバラエティ番組での振る舞いも、「こうすれば観ている人に印象が良い」「これは絶対盛り上がる鉄板フレーズだ」とわかっているのに、芸人は素直にその通りにできなかったりする。どこかにオリジナリティを求めてしまい、〝自分らしさ〟を入れてしまいたくなるからだ。しかし澤部は〝無〟なので、他の番組で観て良いと思ったことを100パーセント実行に移せる。自分を押し通すということは不便なものであって、それを全くしない澤部は毎回、平均点以上を叩き出し、総合点で1位をとるのだ。最強のバラエティ芸人である。

澤部にファンがいなかったり、後輩に憧れられないのは、皆どこかでその〝無〟に気が付いているからだ。ただ、誰も完全には気付けていない。なにせ澤部自身もその〝無〟に全く気付かないまま生きている。それほど気付きにくいものなのだ。

澤部がこれを読んで自分の〝無〟に完全に気が付いた時、誰かの価値観でできたその肉体はサラサラサラサラ〜と崩れ落ち、何もなくなるだろう。もともと何もないところに色んな人の価値観を貼り付けてできた化け物だからである。

しかし、ここまで外見が綺麗なのに中身が〝無〟の存在を僕は他に見たことがない。そういう点で僕は凄く澤部に魅力を感じている。現実に「こんな人いるんだ！」と思うのだ。誰も澤部に興味を持っていない今、唯一僕だけが澤部のファンなのかもしれない。

表向き陽の澤部が陰の部分を詮索されないのも、薄々〝無〟に気付かれているからで、そこを探っても意味がないと皆どこかで思っているのである。しかし「澤部さん、陰の部分、本当は持っているんでしょ？」などと追い詰めたら、陰の部分を出してくると思う。するとこちらは「そうそう！　やっぱり陰の部分持ってるじゃないですか！」となるのだが、実はそれはこちらが「そうそう！　やっぱり陰の部分持ってるじゃないですか！」となるように、求められた後で澤部の〝無〟から生み出された陰の部分なのだ。

皆、澤部に踊らされているのである。

さて、一方僕はというと、澤部とは完全に真逆で、唯一性を求めてしまう。誰かがやっていることを同じようにやっていると、自分じゃなくてもいいんじゃないかと不安になる。そこでいつも〝自分らしさ〟を入れてしまいたくなる。

やはりこれは非常に不便だ。テレビであれば、番組側が「こう動いて欲しい」と思っている方向に真っ直ぐ向かうことができない。「こうしてもらえませんか？」と言われた時に「だったら俺じゃなくていいんじゃないのか？」と思ってしまうことがある。それが損だということは分かっているのだが、誰がやってもいい仕事をやって結果を出しても僕は満足感を得ることができない。

しかしこの性格は子供の頃からで、みんながやっているからやろう、ということで何かを始めることがあまりなかった。

そんな性格の僕が小学校5年生の時に澤部と初めて同じクラスになった。澤部はお笑いが好きで、時おり放つ一言には小学生とは思えぬセンスがある。僕は人を笑わせることは好きだったが、実はテレビではバラエティ番組はあまり観ておらず、とにかくアニメばかり観ていた。

澤部とはすぐ仲良くなったのだが、一緒に遊んでいて楽しいながらも、どこかで面白さでは負けたくない、という気持ちが芽生えてきていた。しかし僕の性格上、澤部のような笑いの方向に行ってもそもそも澤部がいるので勝てないし、オリジナリティがないと思ってしまう。なので澤部がやっていること以外のことで笑いを取るようになっていったのだ。

子供の頃の僕の行動、この恐ろしさがわかるだろうか？

すでに書いたように、澤部のお笑い感というのは、テレビのバラエティ番組で観たことや深夜ラジオで聴いたことを吸収し、自分を通してアウトプットすることが元となっている。それは小学生の頃も同じで、僕や同級生が知らないお笑いをどこからか吸収してきて、僕らの前で使っていた。僕はその澤部を見て「澤部がやっていること以外のことで笑いを取ろう」と思い、自分のお笑い感を作ったのである。

要するに僕のお笑い感というのは、いつの間にかテレビのバラエティ番組やラジオ番組に対抗したものになっていたということなのだ。

なので僕の好きなお笑いとは、テレビで明るく振る舞う陽気な笑いより、少し捻《ひね》くれた笑いになっている。テレビのバラエティ番組に対して「いつまでもお約束のように、同じ明るい笑いばかりやっていて退屈だな」と思ってしまっている。深夜ラジオでよく出てくるような下ネタも自分のラジオではほとんど言わず、「深夜ラジオだからといって下ネタを義務のように言っているのは寒気がする。あとリスナーを囲うような閉鎖的な文化も気持ち悪い」と思ってしまっているのだ。

これは僕が進んでそういう方向に行ったわけではなく、澤部によってこういう僕のお笑い感が作らされていたのだった。

「ハライチはコンビで性質が真逆だからいい」と他の芸人によく言われる。だが、元からそうだったわけではなく、〝無〟の澤部がバラエティ番組の笑いを吸収してそれを100パーセント出すようになり、その後で僕が澤部のやっていることとは別のことをやろうと思って、こういうコンビバランスになったのだ。

僕の相方の澤部佑。ブラックホールのような〝無〟からこちらが要求したものを出す不思議議な男だ。僕はその相方と『ハライチ』というコンビを組んでいることによって、王道とは違う、何か新しいものを生み出さなければいけない業を背負わされているのである。しかし唯一救いがあるとすれば、僕がそれを結構楽しめているということだ。

僕は今後も不思議議な相方と『ハライチ』を続けていくだろう。

おわりに

実家に帰った時、母親と車で地元に昔からあるスーパーへ買い物に行った。スーパーに着くと、前に出ていた屋台を指差しながら母親が「見て。あの店ね、明石焼きを卵たこ焼きとか言って売ってるのよ。明石焼きって言ったらわからないから」と僕に言った。僕にはその一言が妙に面白かったのだ。

母親は何故これを僕に伝えたかったんだろう？

明石焼きを卵たこ焼きと言っているから一体何なのだ？

母親も笑わそうとして言ったわけではない。しかし、僕は車の中で「何なの、それ？」と大笑いしてしまい、僕につられて母親も笑った。

お笑い芸人をやっているが、生活をする上で変わったことなどほとんどない。皆さんが想像しうる域を超えていないと思う。でも人は皆、朝起きて朝ご飯を食べるし、仕事行って帰って来たらテレビを観ながら夕ご飯を食べる。風呂入ってリビングでダラダラしちゃうし、しばらくしたら寝る。誰しも思ったより地味な生活を送っているのだ。逆に、生きていく上で事実をそのまま話すだけで面白いような事件が毎日起こっていたら相当疲れるだろう。流石《さすが》にそれは御免である。

だから、普通に生活している日常を面白がりたい。毒にも薬にもならないどうでもいいことが笑えたりする。それが少し視点を変えるだけで全然違うように見えたりもする。

今、炭酸水を飲みながらこのあとがきを書いている。５００ミリリットルのペットボトルの炭酸水を、通販で段ボール3箱分くらい買ったのを6本ずつ冷蔵庫で冷やして飲んでいるのだ。しかし、少し炭酸水に飽きてしまったので味をつけようと思い、カルピスの原液をペットボトルの口から注ぎ込んだ。するとカルピスの原液が炭酸に反応してしまい、ジュワジュワッと炭酸水が溢れ出してくる。僕は慌てて蓋を閉めた。このキャップを開けさえすれば、いつでも炭酸水が溢れ出してくるだろう。そう思うと、このペットボトルはもう二度と開けることのできないパンドラボトルとなってしまったのだ。

こんなどうでもいい話をテレビ番組で話すことなどない。人気のバラエティ番組は、情緒もへったくれもなく、前後の辻褄が合っていようがなかろうが、視聴者が興味を持ちそうな部分をかき集めてつなぎ合わせた1時間。日常にこそ面白い出来事が潜んでいる、なんて静かな話などどうでもよく、真実か疑わしい非日常を話すタレントに、芸人がツッコミを入れて完成する。「この里芋、すごくホクホクして甘みがあって美味《おい》しいよ」は無視され、「このチーズぶっかけた激辛ステーキうっめー！」といった感じだ。

芸能の世界で仕事をするようになってからずっと思っていた。僕の人生には事件が起きない。が、それと同じように皆さんの人生にもそんなに事件は起きていない。そして、テレビで見る芸能人の人生にもどうせ本当は事件など起きていないだろうと。それを皆、化学調味料で元の味などわからなくなるくらい嘘のように濃い味付けにして提供してくるのだ。そんなものばかり食べていると、そのうち舌が馬鹿になる。物の味なんてわからなくなってしまう。

僕はこの本を書いてみて思った。文章は待ってくれるし、すぐに結果を求められない。読み手に丸呑みされず、しっかり咀嚼してくれるので繊細な味付けも楽しんでもらえるようだ。だから家族に話すようなどうでもいい話を書ける。日常で感じたちょっとしたモヤモヤも、いつもどこかで忘れてしまうけど、文章として言語化できる。濃い味付けのものは美味《うま》いけど、そうじゃないものの方がずっと長く食べていられるらしい。

誰の人生にも事件は起きない。でも決して楽しめない訳ではない。平坦な道に見えても地面に頬を擦り付けてよく見てみると、いびつにぐにゃんぐにゃん曲がっていたりする。どんな日常でも楽しめる角度が確実にあるんじゃないかと思っている。僕は、事件が起きない僕の人生を、ここから見たら結構面白そうだな、という角度を見つけて皆さんに見てもらえたらと思う。読んでもらう機会があれば、いずれまた。

【初出】
「小説新潮」二〇一八年七月号～二〇一九年七月号
「Ｂｏｏｋ Ｂａｎｇ」二〇一八年九月～二〇一九年八月
「親戚の葬儀での面倒くささから救ってくれた父の一言」と
「澤部と僕と」は書下ろしです。

僕《ぼく》の人生《じんせい》には事件《じけん》が起《お》きない

発　行　2019年 9 月25日
5　刷　2019年11月 5 日

著　者　岩井勇気《いわいゆうき》

発行者　佐藤隆信
発行所　株式会社新潮社
〒162-8711　東京都新宿区矢来町71
電話　編集部　03-3266-5550
読者係　03-3266-5111
https://www.shinchosha.co.jp

印刷所　錦明印刷株式会社
製本所　株式会社大進堂

ISBN 978-4-10-352881-4 C0095